KB079640

영국 청년 마이클의

한국전쟁

영국 청년 마이클의

한국전쟁

이향규 지음

창비

한국전쟁으로 상처 입은
모든 젊은이들께 바칩니다.

차례

아버지께

프롤로그

두해 전 늦가을에 '혁오'가 런던에서 공연을 했습니다. 제가 좋아하는 밴드예요. 생각해보니 한번도 같이 들어본 적이 없네요. 하긴 제가 아버지께 뭘 찬찬히 보여드리거나 들려드린 적이 있었나 싶습니다.

　아이들과 같이 공연을 보러 갔습니다. 평일이라 아이들이 학교에서 돌아오자마자 기차역으로 달려갔어요. 이스트본 우리 집에서 런던 공연장까지 세시간은 족히 걸리니 늦지 않으려고 서둘렀죠. 기차에 헐레벌떡 자리를 잡고 앉아 숨을 고르는데, 우리 성당의 신부님이 옆 좌석에 앉는 거예요. 멀찌감치에서 본 지는 일년이 넘었건만, 왜 그리 주저하는 마음이 생겼던지 그동안 인사 한마디 못했었습니다.

그날 처음 말을 걸었습니다. 저는 이곳으로 이주해온 후 때때로 느끼는 막막한 마음에 대해 이야기하고, 기도는 어떻게 하는 것이냐고 물었습니다. 그게 시작이 되어 런던 가는 기차 안에서 한참을 이야기했습니다. 한국에 있을 때 북한에 대해 공부했고, 대학과 연구원에서 일했다는 말을 굳이 한 것은 저를 드러내고 싶은 마음이 있었기 때문일 겁니다. 그러다가 한반도의 평화나 통일에 대해서도 이야기하게 되었습니다. 그는 이렇게 물었습니다.

"남북한이 통일되기를 '당신은' 바랍니까?"

이 익숙한 질문을 그렇게 낯선 맥락에서 받게 되니 갑자기 말문이 턱 막혔습니다. '내가' 원하냐고요? 머릿속에는 예전에 통일교육 강의를 하면서 사용했던 발표자료가 떠올랐습니다. 유라시아 대륙을 가로지르는 시베리아철도 그림, 분단비용과 통일비용을 비교해놓은 그래프, 중국이 사용권을 확보한 북한의 광산과 어장 분포도 같은 것들이 제 마음속 대답을 찾는 데에는 별로 도움이 되지 않았습니다. 미지근해진 커피가 든 종이컵 끝만 손가락으로 빙빙 돌리다가 아버지가 생각났습니다.

"우리 아버지는 전쟁 때 북에 두고 온 어머니와 동생을 지금까지 만나지도 찾지도 못했어요. 한국에는 그런 가족이 수없이 많습니다."

창밖으로는 빛바랜 초원이 굽이굽이 이어져 있고 벌써 반쯤 기운 가을 해는 기차 안을 길게 비추는데, 그 순간 왜 그리 슬프던지요. 아들을 다시 못 본 어머니 때문인지, 고향으로 돌아가지 못한 소년 때문인지, 아니면 우리 아이들과 그렇게 헤어진다면 제가 느끼게 될 비통함이 상상만으로도 목을 메이게 했는지. 어쩌면 그때 그곳이 너무 평화로워 보여서 그랬는지도 모르겠어요. 아무 조건을 달지 않고 이런 대답을 한 건 국민학교 이후로 처음인 듯합니다.

"네, 저는 통일이 되면 좋겠어요. 분단이 너무 오래되어서, 저는 마땅히 누려야 할 삶이 어떤 모습인지도 잘 모르겠고, 사람들의 고통에도 무감해진 것 같거든요."

제가 그때 이 이야기를 아버지께 들려드렸나요? 안했겠죠. 북한, 분단, 통일 이런 이야기는 안 꺼내는 게 좋겠다고 마음먹은 지가 30년은 되었으니까요. 행여 말이 빌미가 되어 아버지 심기는 불편해지고 제 마음은 답답해질까봐 지레 마음의 장벽을 쳐버렸거든요. 정치가 뭐라고, 그게 많은 말을 침묵 속에 가둬버렸습니다. 그래서 오랫동안 저는 제가 구경한 세상을 아버지와 나누지 않았고, 아버지는 묻어버린 상처와 고독을 드러내시지 못했네요. 아버지가 그 겨울을 넘기시지 못하리라는 것을 알았어도 그랬을까요? 늦었지만 지금이라도 말씀드릴까요?

그날 신부님은 그게 얼마나 슬픈 일인지 알겠다고 말하며 한숨을 깊게 쉬었어요. 그리고 그후 미사 때 여러번 한반도의 평화를 위해 기도해주었죠. 그날 밴드 '혁오' 공연은 런던대학교 학생회관에서 했는데 사람이 얼마나 많던지 서 있기도 힘들었어요. 저는 노래를 듣다가 눈물이 줄줄 흘러서 혼났습니다. 「폴」Paul이라는 노래 가사가 이랬거든요. "예전으로 돌아가 예전에 산다면 우린 우리 마음만 돌보자." "우린 아는 만큼만 했었더라도 충분했겠네요." 그때나 지금이나 늘 뒤늦게 압니다.

아버지는 언제나 우리 이야기를 듣고 싶어하셨습니다. 자식들 사는 게 궁금한데 물어보면 우리가 부담을 느낄까봐 말도 못 꺼내고 우리 편에서 먼저 이야기해주기를 기다리셨죠. 그걸 알면서도 저는 늘 시시한 일에 마음을 먼저 주고 당신께는 짧은 통화에도 그렇게 인색했습니다. 언젠가 통화가 제법 길어진 적이 있었어요. 그날따라 제가 왜 그리 수다스러워졌는지는 잘 기억이 나지 않습니다. 아마 마당에 빨래를 널었는데 날씨가 좋아서 그랬던 것 같기도 해요. 마지막에 안녕히 계시라는 인사까지 하고 이제 끊으려고 전화기를 귀에서 떼었는데 아버지 목소리가 멀리서 들렸습니다.

"고맙다."

이번에는 길게 말씀드리겠습니다. 제가 무슨 생각을 하면서 사는지, 어떤 사람들을 만났는지, 어떤 일을 했는지, 무엇을 배웠는지, 무엇을 바라고 있는지. 차근차근 말씀드리다보면 아버지 생각과 제 생각이 크게 다르지 않았다는 것을 알게 될지도 모르겠어요.

이 여행은 대충 그린 어설픈 지도만 가지고 시작한 일이었습니다. 누구를 만날지, 어디로 갈지 잘 몰랐습니다. 열린 길이면 가고, 내키지 않으면 멈췄습니다. 많은 것이 우연히 이루어졌습니다. 여름이 시작될 때쯤, 제가 어떤 이야기 속으로 들어가고 있다는 것을 알아챘습니다. 예상하지 못했습니다. 이야기를 끌고 가려 하지 말고 그냥 따라가야겠다고 생각하면서도 마음이 불안했습니다. 저는 아버지를 닮아서 목표와 계획을 분명히 세우고 일하는 것을 훨씬 좋아합니다. 안심하려고 책상 앞에 이런 글을 붙였습니다. 언젠가 래글런 신부님이 해준 말입니다. 기차에서 만난 다음부터 저는 가끔 그에게 제가 하는 일을 알리고 조언을 구합니다. "이 일이 어디로 갈지 모르겠다"라고 하니 그는 이렇게 말했습니다.

"어디로 갈지 모르고 길을 떠난 사람보다 더 멀리 여행할 수 있는 사람은 없습니다."

아무래도 그리된 듯합니다. 긴 여행이었습니다. 멀리 갔습니다. 다 처음 가본 곳이고 처음 만난 사람들이었습니다. 런던의 한국전참전기념비, 이스트본의 청년, 맨체스터와 벡스힐의 노인들, 아버지의 일기, 영국군 참전군인들과 한국의 대학생들, 제1차 세계대전 종전 100주년 기념전시, 맨체스터의 제국전쟁박물관, 부산의 유엔기념공원 그리고 종국에는 저의 마음에 다다른 여행.

이 글은 지난 일년 동안의 여행기입니다. 어디로 가게 될지 모르고 시작한 여행이 저를 어디로 데려갔는지, 그 길에서 누구를 만났고 무엇을 배웠는지, 그걸 찬찬히 말씀드리겠습니다.

봄: 영국군 참전군인을 찾아서

여행의 시작

2018년 4월 27일, 판문점에서 문재인 대통령과 김정은 국방위원장이 만났습니다. 남북정상회담이 끝나고 잡지에 글을 하나 썼습니다. 살아 계셨다면 아버지는 이번에도 구립도서관에 가서 그 글을 찾아보셨을까요? 지난번에도 제 글이 실린 잡지를 한권 드렸는데도 굳이 도서관에 가서 다시 찾아 읽으셨잖아요. 친구분까지 데리고 가신 것은 혹시 자랑하고 싶은 마음이 있어서였나요? 이번에는 제가 자랑삼아 말씀드리지요. 아버지로부터 시작한 이야기가 그후 어떻게 발전했는지, 그 긴 이야기를 하려면 먼저 잡지에 쓴 글부터 보여드려야겠습니다.

생전에 무심하게 하신 말이 유언이 되었다.

"내가 죽거든 재산을 팔아서 다섯 등분을 했으면 좋겠다. 너희 네 형제가 하나씩 갖고 하나는 작은아버지를 찾아서 줬으면 한다. 혹시 죽었으면 그 자손에게 주거라."

2018년 2월 26일, 아버지는 폐렴으로 돌아가셨다. 기침감기가 잘 낫지 않는다고 생각하고 병원에 가셨는데 다시 집으로 돌아오시지 못했다. 우리가 마지막에 집을 떠날 때 그게 마지막이라고 생각하지 않는다는 것을 혼자 사는 아버지 집 식탁을 보고 알았다. 그걸 알았다면, 그의 성품에, 그렇게 반찬그릇을 남겨놓지는 않았을 거다. 마지막은 예고 없이 온다.

그의 고향은 함경남도 북청군 신포읍(지금은 신포시)이다. 그는 1950년 12월에 어머니와 남동생을 집에 두고 고향을 떠났다. (…) 열다섯살 난 소년은 부산항에서 부두노동을 하면서 전쟁을 넘겼다. 가난한 이에게 친절하지 않은 세상에서 모질게 공부했고, 온전히 혼자 힘으로 훗날 대학교수가 되었다. 그는 "젊어서 고생은 사서도 한다"라는 말을 좋아하지 않았다. 그건 고생하지 않은 사람이 만든 말이라고 믿었다. 그는 할 수만 있다면 피하고 싶었던 많은 일을 겪었고, 그 고생을 자식에게 물려주지 않으려고 평생 애썼다.

중환자실에 있었던 한달 넘는 시간에 그를 만나러 온 친구, 동료, 제자, 가깝고 먼 친척과 이야기를 나누었다. 그들이 기억하는 그의 모습이 조각조각 퍼즐처럼 맞춰지면서 그의 삶이 비로소 하나의 큰 그림으로 보였다. 말이 없는, 온화한, 성실한, 공정한, 친절한, 겸손한 사람이 거기 있었다. 그 사람은 천안함이나 세월호 이야기가 나올 때마다 내가 피하고 싶어했던 그 노인이 아니었다.

겨우 2년 전에 눈치를 챘다. 그에게 무슨무슨 교회에서, 무슨무슨 단체에서 보내는 카톡 알림음이 끊임없이 울린다는 것을. 알림음이 나고 몇초 후에는 늘 대한민국을 빨갱이들로부터 구하자는 날선 웅변이 흘러나왔다. 나는 그때마다 슬그머니 방문을 닫았다. 그리고 그 화난 목소리가 잠잠해진 후에 부엌으로 나가 아무것도 못 들은 척 점심상을 차렸다. 잠깐 머무르는 친정집에서의 시간은 보통 그렇게 지나갔다.

아버지가 의식 없이 병상에 누워 있을 때, 그의 핸드폰을 열어봤다. 그에게 지난 몇년간 끊임없이 말을 걸어주었던 것이 그들이었음을 알았다. 간간이 내 안부 메시지가 있었으나 단정하고 공손한 짧은 문안인사에서는 바쁘다는 것을 자랑삼아 말하고 빨리 도망가고 싶어하는 마음이 빤히 읽혔다. 나는 아버지 삶의 마지막 시간이 그들의 생경한 목소리로 채워진 것이 너무 슬프고 화가 난다. 그런데 그들에게 화가 나는 건지 나에게 화가 나는 건지는 잘 모르겠다.

그는 생전에 남북이산가족찾기 신청을 하지 않았다. 당신의 어머니는 돌아가셨다고 여기고 언제부터인가 설과 추석 때 차례를 지냈다. 명민했던 남동생이 그후 어떻게 되었을지 궁금했지만 찾지 않았다. 혹시라도 남쪽에 형이 있다는 것이 알려져서 '월남자의 가족'으로 불이익을 당할까봐 걱정해서였다. 20년 전쯤 한 신문사에서 발간한 『북한인명사전』에서 동생 이름을 찾아냈다. 함경남도 검덕광업연합기업소 소장이었다. 그냥 그 사람을 동생이라고 믿기로 했다. 똑똑했던 동생이 연합기업소 소장으로 잘 살고 있다고 믿고 싶어서 더 적극적으로 찾지 않았는지도 모르겠다. 혹시라도 그 사람이 아닐까봐.

장례식에서 아버지를 운구한 젊은이들은 함경도에서 온 청년들이었다. 그 젊은이들은 몇년 전에 목사인 형부와 언니네 집에서 가족처럼 같이 살았던 '탈북청년'들이었다. 아버지가 그래도 고향 청년들 손에 들려 마지막 길을 떠나게 되어 마음이 좋았다. 몸을 떠난 영혼은 어떤 모습일까, 그는 키 작고 다부진 그 청년들을 볼 수 있었을까, 신포에는 다녀왔을까, 당신 어머니는 만났을까, 어릴 때 헤어진 동생은 알아볼 수 있었을까.

남북정상회담에서 이산가족 상봉을 적극적으로 추진하겠다고 했다. 아버지 생각이 나서 울었다. 너무 오래 걸렸다. 70년 세월, 그건 정말 한평생이다. 많은 이들이 그 시간을 다 기다리지 못했다. (…)

남북정상회담 관련 기사에 달린 댓글을 보니 누가 "열일하는 대통령"이라고 썼다. 나도 내 몫의 일을 하고 싶어졌다. 그게 뭘까? 나는 한국에 있었다면 '이야기모임'에 힘을 보탰을 것 같다. 통일 이후 독일에서 이루어졌던 '동서포럼'이 동서독 주민 간의 상호이해와 사회통합에 큰 도움이 되었다는 것은 여러 경로로 잘 알려져 있다. 한국에서도 이미 여러 곳에서 이런 '삶 이야기' 모임을 하고 있다. 이런 시간은 참 특별하고 때때로 신비스럽기도 하다. 내가 진행한 어떤 이야기모임에 참여했던 지역사회 활동가 한분은 이 시간을 이렇게 평했다. "이승과 저승 중간 어디에 다녀온 것 같아요." 사람들은 그만큼 깊은 체험을 한다, 이야기만으로.

평화로운 장소, 영혼이 안전한 공간에서 자기 삶을 진술하게 이야기하다보면 어느덧 마음속에 있던 응어리가 풀어진다. 다른 이의 이야기를 판단하지 않고 듣다보면 내 안에 숨겨두었던 오해와 편견, 미움을 되돌아보게 된다. 그래서 고요히 흐르는 이야기를 따라가다보면 어느덧 우리 마음이 화해의 강기슭에 닿기도 한다. 세대갈등, 이념갈등, 그리고 남북한사람들 사이의 서먹함도 이렇게 이야기모임을 하면서 조금씩 해결될 수 있을 것 같다. (…) 이런 이야기를 내 친구 수전에게 했더니, 그녀는 여기에서 하면 안되냐고 했다. 여기서? 여기 사는 코리언은 열명도 안되는데? 그러다가, '맞아, 왜 안되지?' 하고 생각했다. 나는 이야기모임을 어딘가 멋진 곳에서 근사하게 매뉴얼에 따라 진행하는, 형식을 잘 갖춘 프로그램으로 생각했나보다. 그런데 사실 그건 '프로그램'이 아니라 말하고 듣는 '태도'일 수 있겠다. 주변 사람들에게 내 이야기를 진술하게 하고 그들의 이야기를 판단하지 않고 들어주는 것, 그건 어디서든 할 수 있는 일이다. 저 멀리 있는 멋진 일을 꿈꾸면서 정작 내 자리에서 할 수 있는 일상의 실천은 소홀히 하는 것, 익숙한 함정이다. 그래, 지금 내 자리에서 할 수 있는 일을 하자.

그런데 그렇게 마음먹고도 뭔가가 허전했다. 내 생애에 다시 올까 말까 한 이런 역사적인 순간에 뭔가 가슴 벅찬 일을 해보고 싶은 열망이 가라앉지 않았다. 그래서 '잔치'를 해야겠다고 생각했다. 공상이 시작되었다.

'7월 27일이 좋겠다. 아무래도 그날 정전협정이 평화협정으로 바뀌지 않을까? 성당 홀을 빌리면 족히 100명은 모일 수 있겠다. 한국전쟁 참전군인도 초대하면 좋겠다. 이제 다들 아흔 즈음일 테니 차량으로 모시고 와야겠지. 먼 곳에서 벌어진 '잊힌 전쟁'(여기서는 한국전쟁을 Forgotten War라고 부른다)에 참전한 그들의 이야기를 사람들에게 들려주면 좋겠네. 잔치음식은 무료로 제공하고 그날 뭔가 기부금을 받아서, 다른 분쟁지역의 평화를 위해 기부하면 멋지겠다. 한국대사관에 연락하면 행사 지원을 좀 받을 수 있지 않을까. BBC에 연락하면 올지도 모르겠다. 그날은 한반도 문제로 뉴스가 넘쳐날 테니. 나는 한복을 입어야 할까?'

이런 상상을 한참 하다가, 내 결심을 못 박고 싶어서 신부님한테 이런 잔치를 하고 싶은데 성당 홀을 빌릴 수 있을지 물었다. 좋다고 했다. 그러자 갑자기 제정신이 돌아왔다.

'아! 내가 지금 무슨 일을 하려는 거냐, 혼자서!' 지금 내 주변에는 도와줄 사람도 거의 없는데 혼자 국가행사를 기획하고 있다는 것을 깨닫자, 집채만 한 부담감이 몰려왔다. 그 끝에 우울감도 따라왔다.

하루 종일 우두커니 앉아 있는 나를 막내딸 린아가 걱정스럽게 바라보더니 "엄마, 아무래도 일단 푹 자고 내일 생각하는 게 좋겠어"라고 했다. 다음날이 되자 큰딸 애린이는 내 핸드폰에 3분 명상 앱을 깔아놓았다. 아이들 눈에도 내가 제정신이 아니었나보다.

명상 앱 덕분인지 차분하게 나를 돌아보게 되었다. 내 마음이 그렇게 널을 뛰었던 것은 정상회담 즈음해서 한 보름 동안 여러 감정이 한꺼번에 몰려와 서로 엉켰기 때문이다. 기다림, 설렘, 조바심, 희망, 놀라움, 감탄, 기쁨, 감격, 자부심, 자신감, 그리움, 슬픔, 미안함, 답답함, 불안, 걱정, 무기력까지, 한반도의 지각변동이 내 마음도 흔들어놓았다. 그 복잡한 마음의 근원을 짚어보니, 나는 지금 기쁜 거다. 진창에 빠져 움직이지도 않을 것 같았던 남북관계가 앞으로 나아가는 것을 보니 감격스럽고, 살아생전에 한반도 통일을 볼 수 있을 것 같아서 설레는 거다. 마음의 격랑이 잦아들자 내가 하고 싶은 일이 좀더 분명해졌다. 당장 하고 싶은 일, 기다릴 일, 천천히 할 일이.

우선 나는 잔치를 할 거다. 다른 누군가를 위해서가 아니라 나를 위해서. 7월 27일이 아니라 어느 햇볕 좋은 날도 좋겠다. 성당홀이 아니라 우리 집 마당이 될지도 모르겠다. 100명을 부르는 행사가 아니라 서너명이 모여 같이 밥을 먹어도 좋다. 새로 사귄 친구들, 한반도를 위해 기도해주었던 이웃들이 오면 좋겠다. 나는 그날 우리 아버지 이야기를 할지도 모르겠다. 열다섯살 소년이 집을 떠나 전황을 살피려고 했던 그 전쟁이, 그가 여든셋 나이로 돌아가신 이후에야 비로소 끝났다고. 그게 '끝났다'고 이야기할 수 있으면 좋겠다. (…)

2018년 여름. 한번도 경험해보지 못한 그 새로운 계절. 나는 내 자리에서 내 몫의 일을 하고 있을 거다. 천천히 정직하게. (「코끼리를 이야기할 시간 —— 먼 곳에서 느끼는 남북정상회담」,『창작과비평』 2018년 여름호)

글을 이렇게 호기롭게 마무리했으나, 이 멀리 떨어진 곳에서 제 몫의 일이 무엇이 있었겠습니까? 꼭 해야 할 일도, 누가 해달라고 부탁하는 일도 없었습니다. 혼자 힘으로 할 수 있는 일이 별로 없는 것 같아서 몇주를 우울하게 보냈습니다. 아직도 저는 지금 영국에서의 생활과 한국에 있었을 때의 삶을 혼동하는 모양입니다. 한국에 있었으면 이런 역사적인 순간에 대학이나 연구소에서 친구들과 가슴 벅찬 일을 하고 있을 것 같았습니다. 평화로운 한반도를 만드는 데 도움이 되는 연구나 조사, 교육활동을 하면 얼마나 신날까 하는 생각을 날마다 했습니다. 그런데 이곳에서 저는 우리 집 말고는 아무 데도 소속된 곳이 없고, 아침에 일어나서 아이들 점심도시락을 싸주는 것 말고는 꼭 해야 할 일도 없습니다. 그런 처지는 생각지 않고, 머리는 옛 기억에서 벗어나지 못했습니다. 다시 그 시절로 돌아가고 싶은 마음을 놓아버리지 못해서인가봅니다. 정말 뭐라도 하고 싶었습니다. 뭐라도 해야 제가 다시 세상과 연결될 것 같았습니다.

'한국전쟁 영국군 참전군인'을 찾아보겠다고 생각한 것은, 그게 '한국' '전쟁' '영국'을 조합했을 때 가장 쉽게 떠오르는 일이었기 때문입니다. 그 일은 저 혼자서도 할 수 있을 것 같았습니다. 이곳에서 더 잘할 수 있는 일이기도 했습니다. 만나서 뭘 하고 싶은지는 막연했습니다. 그때는 종종 다른 사람에게 저의 감정을 이입했던 듯합니다. 이 시기에 한국사람인 제가 찾아가면 그들도 기뻐할 것 같았습니다. 그들도 저처럼 남북정상회담과 한반도 평화에 대해 사람들과 이야기를 나누고 싶어할 것 같았습니다. 반가워할 것 같았습니다.

만나서 그들이 경험한 전쟁을 물어보고 이제 곧 끝나게 될 전쟁을 좀 홀가분한 마음으로 듣고 싶기도 했습니다. 고백하자면, 한국에 있을 때는 아버지세대의 전쟁경험을 듣는 것이 너무 지루하고 힘들었습니다. "너희는 모르는" 고생한 이야기들과 '북한공산집단'의 만행에 대한 이야기로 시작해서, 북한의 정체를 모르면서 철없이 날뛰는 운동권과 좌파 정치인들로 이야기가 번질까봐 대화는 아예 시작도 안했습니다. 어떤 이야기는 정말 전쟁 때 경험한 이야기인지, 아니면 그후 수십년 동안 보고 들은 사건으로 과거의 기억이 재구성된 것인지 의심이 들기도 했습니다. 어르신들의 전쟁경험 이야기는 1953년에서 멈추지 않고 오늘날까지 이어지곤 합니다. 그걸 보면 정말 한반도에서 전쟁이 아직 끝나지 않은 건 확실합니다.

영국군 참전군인들의 이야기는 좀 다를 거라고 생각했습니다. 그들의 전쟁은 전쟁터를 떠나면서 끝났을 것 같았습니다. 그래서 이후 삶의 경험이 크게 덧칠해놓지 않은 그 당시 전쟁의 모습 그 대로를 들을 수 있겠다는 기대를 했습니다. 더욱이 그들은 전쟁 으로 고생한 이야기나 '북한공산군'의 만행을 말하면서 저를 교화하려 하지 않을 테니 좀더 마음을 열고 경청할 수 있을 것 같았습니다. 전쟁터에 나갔던 노인들과 그런 이야기를 같이 나누는 것이 종전을 염원하는 제 나름의 의식이라고 믿었습니다.

템즈강변의 기념비

저는 시댁에 가는 것 말고는 런던에 나갈 일이 거의 없습니다. 시댁에 가도 보통은 다른 곳에 들르지 않고 바로 집에 돌아오지만 그날은 런던에 온 김에 가보고 싶은 곳이 있었습니다. 시아버지께 일찌감치 인사드리고 나왔습니다.

시아버지는 여전히 암 투병 중입니다. 그리고 여전히 밝고 씩씩하십니다. 제가 아버지 장례를 치르고 돌아온 후 처음 시댁에 갔을 때, 시아버지는 제게 상심하지 말라고 하면서 정작 당신이 너무 흐느끼셔서 그분의 상심을 제가 위로해야 했습니다. 그분도 아버지의 갑작스런 임종이 믿기지 않는 것 같았습니다. 자신이 먼저 갈 줄 알았다고 하셨습니다.

암이 여러곳으로 전이되었을 때 의사는 6개월을 선고했습니다. 그게 벌써 3년 전입니다. 그동안 우리는 매번 이번 크리스마스가 마지막일 거라고, 이번 생신이 마지막일 거라고 생각하며 보냈습니다. 시아버지는 언제든지 떠날 준비가 되었다고 말씀하시지만 그렇다고 마지막을 기다리면서 오늘을 보내지는 않습니다. 시누이들은 아버지를 극진히 돌봅니다. 이 착한 딸들은 아버지께 맛있는 음식을 만들어드리고, 저녁마다 같이 영화를 보고, 잠들기 전 성수로 아픈 곳에 성호를 그리고 함께 기도합니다.

저는 그때마다 아버지와 엄마 생각을 합니다. 두분의 노년은 외로웠을 것 같습니다. 저는 두분과 정치 이야기를 하지 않느라고 다른 이야기도 잘 하지 않았습니다. 긴 이야기가 어색해서 말이 짧아졌고, 그래서 공유하는 일상도 얄팍해졌습니다. 시아버지가 좋아하는 영화를 몇번이나 다시 보면서 저녁시간을 함께 보내는 우리 시댁의 일상은 훨씬 더 두터워 보입니다.

시아버지는 한반도 관련 뉴스를 열심히 보십니다. 저희가 한국에 있을 때는 한반도 위기가 고조될 때마다 시댁 식구들의 걱정이 이만저만이 아니었습니다. 재미있는 에피소드를 하나 말씀드릴게요. 지난겨울 이야기입니다. 시아버지는 귀가 잘 안 들리셔서 뉴스를 아주 크게 틀어놓는데, 그날은 그분 목소리가 텔레비전 소리보다 더 크게 들렸습니다. 미국과 북한이 경제제재와 미사일 시험발사로 서로 맞서면서 강경하게 대립할 때였습니다. 그분은 뉴스를 보다 말고 이렇게 소리치셨죠.

"북한 좀 그만 괴롭혀라! 미국이 저렇게 압박하고 괴롭히는데도 참는 것을 보니, 젊은 지도자가 인내심이 진짜 대단하구나."

브렉시트에 찬성하고 노동당을 비판하는 시아버지는 제 기준으로는 '우파'임에 분명한데, 이렇게 북한 편을 드는 것은 제가 코리언이기 때문일 겁니다. 제가 이 집 식구가 된 뒤로, 이분에게 코리언이면 다 '우리 편'입니다. 시아버지는 북한이 리비아처럼 되지 않으려면 핵을 절대 포기하면 안된다고도 하셨습니다. 북한을 너무 좋은 나라로 생각하는 것 같아서 아들이 나섰다니까요. 토니는 연평도포격 같은 북한의 도발을 이야기하면서 자기 아버지를 진정시켰습니다. 저는 시아버지가 미국 편에 서지 않고 북한의 입장에서도 생각해주는 것이 싫지 않았습니다. 그건 그냥 집안 어른이 내 편이 되어줄 때의 든든함 같은 것이었습니다. "저렇게 참을성이 많은 지도자는 내 평생 처음 봤다"라고 말씀하실 때는 그만 푸핫 소리를 내고 말았습니다. 내 편이 되어준 소소한 일들, 시아버지에 대해 오랫동안 가지고 있을 기억은 아마 이런 장면일 듯합니다.

런던 한국전참전기념비Korean War Memorial는 국방부 뒤편 빅토리아 임뱅크먼트 공원에 있습니다. 템즈강변입니다. 5월 날씨와 풍경은 싱싱했습니다. 강변을 걷는 사람들의 발걸음도 가벼워 보였습니다. 멀리서 보이는 기념비는 우아했습니다. 파란 하늘과 강, 신록의 잔디와 그보다 짙은 녹음, 높지도 낮지도 않은 흰색 기둥과 그 앞에 서 있는 회녹색 동상, 그리고 그 주변에 낮게 깔린 빨간 화환들은 꼭 원색으로 단순하게 그린 동화 속 삽화 같았습니다.

가까이 다가가니 점점 쓸쓸함이 드러났습니다. 흰색 돌기둥 전면에 있는 "THE KOREAN WAR 1951-1953"은 제법 큰 글씨였으나 아무 색 없이 가늘게 음각되어 있어서 거의 그 앞에 가까이 가서야 읽을 수 있었습니다. 돌기둥 앞에 젊은 군인 동상이 서 있었습니다. 그는 왼손으로 철모를 쥐고 있었습니다. 오른손으로는 등 뒤로 멘 소총의 끈을 잡고 있었는데, 총을 잡은 품새가 꼭 오늘날 대학생이 한쪽 어깨에 멘 배낭끈에 맥없이 손을 얹고 있는 것 같았습니다. 어깨 위로 두른 군용 우비는 그를 오롯이 감싸 안는 것처럼 보였습니다.

그 공허하면서도 무거운 슬픔이 그의 몸 어디에 담겨 있었는지는 잘 모르겠습니다. 아무래도 숙인 고개 때문에 그리 보였던 것 같습니다. 그는 자기 발끝을 보는 것처럼 고개를 떨구고 있었는데, 그 때문에 건장한 몸에도 불구하고 몹시 지쳐 보였습니다. 그는 전사자 같기도 하고 전사자 앞에 고개 숙인 전우 같기도 했는데, 어느 편이든 죽음이 눈앞에 있는 것은 다를 바가 없었습니다.

녹색빛 도는 검은 청동상 바지 주머니에 누군가가 꽂아놓은 양

그 공허하면서도 무거운 슬픔이 그의 몸 어디에
담겨 있었는지 잘 모르겠다. 그는 전사자 같기도 하고
전사자 앞에 고개 숙인 전우 같기도 했는데,
어느 편이든 죽음이 눈앞에 있는 것은 다를 바가 없었다.

귀비꽃이 유달리 빨갛게 보인 것은 미술시간에 배운 보색대비 때문이었을 겁니다. 빨간 꽃과 함께 놓인 하얀 쪽지에는 이렇게 쓰여 있었습니다. "한국에서 고향으로 돌아오지 못한 이들을 기억하며. 그들은 결코 잊히지 않았다."

기념비를 천천히 돌아보았습니다. 대리석 기둥 옆면에는 영국 국기 아래에 이런 글이 새겨져 있었습니다. "이 치열하고 참혹한 전쟁에는 제2차 세계대전에 참전했던 수많은 영국군 용사들이 참전했으며, 예비군 및 젊은 의무징집병national servicemen들도 합류했다. 그들은 수적으로 우세한 공산군을 맞아 험한 산악지대에서 혹독한 날씨를 무릅쓰고 싸워야 했다. 81,084명의 영국군이 전장 전역에 투입되었으며, 그중 1,106명이 전사했고 수천명이 부상당했으며 1,060명이 포로가 되는 고초를 겪었다."

바닥에는 붉은 양귀비꽃(영국에서는 '포피'라고 부릅니다) 화환들이 여러개 놓여 있었습니다. 멀리서 본 풍경이 동화 속 꽃밭 같았던 것은 그 강렬한 빨간색 때문이었습니다. 한국 정치인의 이름이 적힌 화환도 두개쯤 있었습니다만 대부분 동료 참전군인들이나 추모단체 명의로 된 것이었습니다. 화환에는 작은 쪽지들이 붙어 있었는데 모두 "잊지 않겠다"라는 문구였습니다. 저는 바닥에 놓인 포피 화환에 붙어 있는 이 글을 읽었을 때 제일 슬펐습니다. "그들 중 어느 누구도 하느님 앞에서는 잊히지 않았습니다." 하느님은 잊지 않는다는 말이 사람들은 다 잊었다는 말처럼 들렸기 때문입니다.

포피에 달린 쪽지를 읽다보니 금세 기둥 한바퀴를 돌아 다시 동상의 전면을 마주했습니다. 그제야 동상이 서 있는 스탠드에 새겨진 글이 눈에 들어왔습니다. 하단인데다가 청동 주물로 만들어져서 처음에는 글자가 잘 안 보였나봅니다. 한글과 영어로 이런 글이 적혀 있었습니다.

> 대한민국의 자유와 민주주의 수호를 위한
> 영국군 장병들의 희생에 감사드립니다

> With gratitude for the sacrifices made
> by the British Armed Forces
> in defence of freedom and democracy
> in the Republic of Korea

남북정상회담이 끝나고 영국군 참전군인을 찾아보겠다고 마음 먹은 후에 계속 품었던 질문이 있었습니다. '도대체 이 사람들은 그 먼 곳에서 일어난 남의 전쟁에 왜 갔을까?'

한국전쟁이 발발한 직후에 미국이 주도하여 유엔의 참전을 결의하고 그에 따라 16개국이 군대를 파병했다는 것은 익히 알고

바닥에 놓인 포피 화환에 붙어 있는
이 글을 읽었을 때 제일 슬펐다.
"그들 중 어느 누구도 하느님 앞에서는
잊히지 않았습니다."
하느님은 잊지 않는다는 말이
사람들은 다 잊었다는 말처럼 들렸기 때문에.

있었습니다. 유엔 깃발 아래 미국·영국·캐나다·터키·호주·필리핀·태국·네덜란드·콜롬비아·그리스·뉴질랜드·벨기에·프랑스·에티오피아·남아프리카공화국·룩셈부르크가 전투병을 보냈고, 스웨덴·노르웨이·덴마크·인도·이딸리아는 의료지원을 했다는 것도, 잠깐만 검색해봐도 금방 알 수 있었습니다. 영국은 미국 다음으로 많은 병력을 보낸 나라였습니다. 어떤 배경에서 영국이 군대를 보냈는지는 알겠는데, 그래서 정작 누가 왜 갔는지, 가면서 무슨 생각을 했는지에 대해서 저는 생각해본 적도 없고 알고 있는 것도 없었습니다.

어릴 적에 들은 답이 있긴 합니다. 제가 학교에서 배운 바로는, 유엔군 참전용사들은 대한민국을 '북한공산집단'으로부터 지키기 위해서 싸운 우리나라의 은인이었습니다. 저는 유엔장병 한 사람 한 사람이 인류애가 가득하고 자유와 평화를 사랑하며 용감하다고 생각했습니다. 그래서 10월 24일 '유엔의 날'이 되면 현충일이나 국군의 날만큼 경건해졌습니다. 국민학교 4학년 때 '유엔의 날'이 더이상 공휴일이 아니라는 말을 듣고, 휴일이 많았던 10월에 노는 날이 하나 없어져서 섭섭하기도 했지만 그보다 이 중요한 날을 이렇게 소홀히 해도 되나 하는 걱정이 들었습니다. 순종하는 성품은 타고난 것인지 길러진 것인지 잘 모르겠습니다만, 저는 그때 어른들이 하는 말, 학교에서 가르치는 것은 다 믿고 따랐습니다. 그땐 좀처럼 의문을 품지도 않았습니다. 그래서 '북한

이 얼마나 세길래 전세계가 나서서 한국을 도와줘야 했을까?' 하는 생각을 잠깐 했지만 그 생각은 의문이라기보다는 '북한은 정말 무서운 놈들이구나. 조심해야겠다' 하는 다짐으로 끝났습니다.

"대한민국의 자유와 민주주의 수호를 위한" 희생에 감사한다는 문구를 보자 어릴 적 생각이 났습니다. 그런데 이번에는 마음이 편치 않았습니다. 자유, 민주주의, 수호 이런 말들 때문입니다. 의문이 들었습니다. '수호라는 것은 지킨다는 뜻인데, 무엇을 지키려면 이미 그것을 가지고 있어야 하는 것 아닐까? 1950년 대한민국에, 수호할 자유와 민주주의가 있었을까? 그때는 북한에서도 해방된 조국의 자유나 민주개혁을 부르짖었는데, 당시 대한민국의 자유와 민주주의가 북한의 그것에 비해 훨씬 더 가치 있는 것이었을까?' 물론 지금을 기준으로 하면 두 사회는 비교할 수 없이 다르지만, 전쟁이 일어난 1950년으로 돌아가면 두 사회는 많은 것이 닮았고, 어떤 것은 겹쳐 있었고, 사람들은 혼란스러웠을 것 같습니다.

그렇다고 이 젊은이들의 희생이 무용하다고 생각한 것은 아닙니다. 이미 지난 역사를 두고 '그때 만약 그랬다면'이라는 상상이 어떤 소용이 될지 모르겠으나, 만약 그때 유엔군이 참전하지 않았으면 전쟁은 북한군의 승리로 끝났을 겁니다. 그렇게 해서 만들어진 사회가 어떤 모습일지 상상하기는 쉽지 않습니다. 그 사회는 지금 북한의 모습과는 다르겠지만, 그렇다고 지금 남한 수준의 경제력과 민주주의가 보장될 것 같지도 않습니다. 우리가 이 참전군인들에게 빚진 것은 사실입니다. 그래도 만약 기념비에 이렇게 적혀 있었다면 제 마음속의 저항은 훨씬 적었을 것 같습니다. "영국군 장병의 희생으로 대한민국이 자유와 민주주의를 발전할 기회를 갖게 된 것에 감사드립니다." 제가 말장난을 하고 있는 것일까요?

이날 이 기념비는 여러모로 저를 시험했습니다. 마지막에 본 것은 기념비 전면 바닥에 적힌 글이었습니다. 검은 동판에 주조된 글자는 너무 작아서 처음에는 눈에 잘 띄지도 않았습니다. 거기에는 이 기념비를 세운 사람들의 이름이 적혀 있었습니다. "이 기념비는 2013년 11월 5일 박근혜 대한민국 대통령과 케임브리지 공작의 기공식에 이어, 2014년 12월 3일 글로스터 공작과 윤병세 대한민국 외교부장관에 의해 제막되었다."

나중에 찾아보니 이 기념비 건립은 한국정부가 후원했다고 합니다. 그때까지 영국은 전투병력을 보낸 16개국 가운데 수도에 한국전참전기념비가 없는 유일한 국가였다고 합니다. 참전병력도 전사자 수도 미국에 이어 두번째로 많았는데도 그동안 변변한 기념물 하나 없었습니다. 정말 이곳에서 한국전쟁은 잊힌 전쟁이 맞나봅니다. 2014년 제막식을 보도한 뉴스를 읽어보니, 행사에 초청된 노병들은 내 생전에 이런 날이 오리라고는 꿈에도 생각하지 못했다며 눈물을 흘렸다고 합니다. 그분들은 뒤늦게나마 템즈 강과 런던아이가 보이는 도심 한복판에 이렇게 기품 있는 기념비가 건립되어 얼마나 감개무량했겠습니까. 저도 처음 보고 가슴이 부듯했는데 그 노인들은 오죽했겠습니까.

박근혜 대통령이 그 기념비를 헌정한 대한민국을 대표하는 것은 아이러니한 일이라고 생각했습니다. 그녀는 자기 아버지처럼 전쟁용사와 충성을 기억하는 것을 특별한 사명으로 여겼을까요? 아니면 그녀가 아니었더라도 2014년쯤이면 누군가 이곳에 기념비를 만들었을까요? 처음에는 탄핵된 대통령의 이름이 자유, 민주주의라는 단어와 같이 있는 것이 모순적이라고 생각했습니다. 그러다가 헌법을 지키지 않은 대통령을 국민이 탄핵할 수 있을 만큼 대한민국의 민주주의가 성장했다면 그것도 상징적인 일이겠다고 생각했습니다.

그래도 아쉬움은 있었습니다. 왜 이른바 '진보적 가치'를 중요하게 여기는 사람들은 전쟁에서 희생된 이들을 기억하는 일을 소홀히 했을까? 이 기념비를 만든 대한민국 대통령의 이름으로 노무현이나 김대중이 새겨져 있었다면 어땠을까? 그러나 그런 상상이 무슨 소용이 있겠습니까? 그들은 이런 일을 하지 않았는데. 그리고 보면 누가 어떤 죽음을 어떻게 애도하는가는 명백히 정치의 영역이고, 참전군인을 '용사'라고 부르며 기념해주는 것은 아무래도 보수정권의 일인가봅니다. 보수정권의 다른 대통령의 이

름도 그 자리에 넣어보았습니다. 그리 생각하니, 그 자리에 전두
환이라고 새겨지지 않은 것만 해도 천만다행입니다. 하필 그곳에
간 날이 5월 18일이어서 그 생각이 더 쭈뼛하게 떠올랐는지도 모
르겠습니다.

   그날 하루 이 기념비 앞에서 여러겹의 감정 속을 유영했습니
다. 잘 만든 기념비를 보고 반갑고 고맙다가, 참전군인 개개인을
상상하며 서글퍼졌다가, 잊히지 않았다는 말에 속상했다가, 헌사
를 읽고 불편해졌다가, 대통령의 이름을 보고 마음이 복잡했습니
다. 그래도 마지막에는 다시 묵묵히 서 있는 청년을 애도할 수 있
었습니다. 여러 상념을 지나 결국 이 청년에게 다시 눈길이 머문
것은 그가 이 공간의 주인이기 때문이었습니다. 그런 점에서 대
한민국의 대통령과 장관, 영국 왕실의 공작들이 자기 이름을 아
주 작은 글씨로 새겨서 이 공간을 방해하지 않은 것은 마음에 들
었습니다.

노병의 목소리

제가 처음 만난 영국군 참전군인은 짐 그룬디Jim Grundy 씨입니다. 그를 찾는 길의 이정표가 된 것은 이 기사였습니다.

6·25전쟁 시신수습 임무 영국군 노병 "내가 잠들 곳은 부산"

1일 오전 부산 남구 유엔기념공원을 방문한 6·25전쟁 영국군 참전용사 제임스 그룬디(86) 씨는 동료들의 묘역 앞에 거수경례를 했다.

"전역 후에도 시신을 수습하는 장면이 떠올라 괴로웠지만, 여기에만 오면 마음이 편안해져요."

그룬디씨는 한국전쟁 중 영국군 '시신수습팀'(Recovery Unit)으로 1951년 2월부터 1953년 6월까지 복무했다. 총 대신 삽과 곡괭이를 들고 전장에서 숨져간 동료들의 주검을 되찾아오는 일이 그의 임무였다. 총탄에 갈기갈기 찢긴 전우의 살점과 뼈를 수거하는 일은 죽음의 공포보다 고통스러웠지만, 그룬디씨는 26개월간 묵묵히 해냈다. (…)

그룬디씨는 이맘때면 부산 방문이 본인 인생의 마지막 여행이 될지도 모른다는 생각으로 비행기에 오른다. 척추암 말기 진단을 받은 뒤 의사의 만류에도 진통제까지 맞으며 유엔기념공원에 먼저 묻힌 동료들에게 인사를 건네고 학생들에게 강연도 한다. 몇년 전 수양손녀로 삼은 유엔기념공원 홍보과장 박은정(41·여)씨를 만나는 것도 부산 방문의 이유 중 하나다.

그룬디씨는 30년간 거의 매년 유엔기념공원을 방문하고 영국 현지에서 한국전쟁 관련 자료를 수집하는 등의 봉사활동을 꾸준히 하면서 자신이 묻었던 전우들 옆에 영면하고 싶어했다. 유엔기념공원 측 역시 그의 헌신에 보답하는 의미로 국제관리위원회의 심의를 거쳐 사후 안장을 허가했다. (…)

그는 "건강이 허락하는 한 앞으로도 매년 부산에 올 계획"이라며 "나도 언젠가는 동료들이 잠든 부산에 영원히 잠들고 싶다"고 말했다. (『연합뉴스』 2018년 5월 1일자)

이 기사가 마음을 사로잡은 건 아마 이런 말들 때문이었을 겁니다. 시신수습팀, 26개월, 척추암 말기, 86세, 사후 안장. 그에 대한 기사를 더 찾아보았습니다. 제법 많이 있었습니다. "31년째 유엔기념공원 찾은 6·25참전 英노병"(『동아일보』 2018년 5월 2일자), "'30년째 UN공원 참배' 말기암 英참전용사의 사연"(「KBS 뉴스」 2018년 5월 2일자), "영국군 6·25참전용사 제임스 그룬디 한국 해군 장병에 안보 특강"(『국민일보』 2018년 5월 9일자).

해군작전사령부에서 한 '안보 특강'에 대한 『국민일보』 기사는 첫머리로 그룬디씨의 말을 인용했습니다. "당신의 미래를 위해, 우리는 오늘을 바쳤습니다"(For your 'tomorrow', we gave our 'today'). 순국선열, 호국영령 같은 말에 마음이 뭉클해졌던 어릴 적 제가 되살아났는지, 우리의 미래를 위해 오늘을 바쳤다는 이들에게 빚진 마음이 들었습니다. 말기암에도 불구하고 매년 한국을 찾는다는 이 노병이 궁금해졌습니다.

구글에 그의 이름을 검색했더니 영국의 소도시 지역신문에 몇 년 전 실린 광고들이 떴습니다. 내용은, 부산에 있는 유엔기념공원에서 영국군 전사자들의 사진을 모아 안장安葬기록에 남기고 추모벽에 전시하고 있으니 이 고장에 살았던 이러이러한 사람들의 사진이 있으면 보내달라는 것이었습니다. 거기에는 그 지역 출신 전사자들의 이름이 죽 나열되어 있고 이 사업에 동참하고 싶은 분은 제임스 그룬디에게 연락해달라고 되어 있었습니다. 광고 마지막에 그룬디씨의 전화번호와 이메일, 주소가 적혀 있었습니다. 그리로 연락을 하니, 전화는 없는 번호라고 하고 이메일은 며칠째 답신이 없었습니다. 그래서 결국 신문기사에서 본 '수양손녀' 박은정 유엔기념공원 홍보과장에게 전화를 걸었습니다.

아무 곳에도 소속되지 않은 개인이 뭔가를 도모하는 게 얼마나 힘이 드는지는 그전에 이미 경험했습니다. 남북정상회담이 끝나고 런던에 있는 한국대사관에 긴 이메일을 보낸 적이 있습니다. 정상회담 후 혹시 대사관에서 계획하고 있는 행사나 사업이 있으면 뭐든지 돕겠다고요. 편지 말미에 "편지가 두서가 없는 것은 아직 제 생각이 잘 정리되지 못해서이기도 하고, 여전히 뭔가 한반도의 평화를 위해서 제가 이곳에서 할 수 있는 일을 하고 싶은 욕심이 앞서서이기도 합니다"라고 썼습니다. 답장을 하염없이 기다리게 될 것 같아서 "어떤 대답이든 짧게라도 주시면 감사하겠습니다"라고 마무리 지었는데, 정말 편지가 두서없어서인지, 열혈교민의 이런 뜬금없는 편지가 당황스러워서였는지, 이제까지 아무 답신도 받지 못했습니다.

유엔기념공원의 박과장에게도 횡설수설 이야기한 듯싶습니다. 통화가 된 것만으로도 감사해서 말이 빨라졌습니다. 박과장은 제 이야기를 다 듣고, 그룬디씨의 연락처를 알려주기는 어렵지만 제가 보내려고 한 이메일을 보내주면 전달해주겠다고 했습니다. 그녀에게 이메일을 보내면서 이렇게 썼습니다. "말씀드린 것처럼 저는 한국전쟁 참전용사들이 잊히는 것에 대해 안타까움을 가지고 있습니다. 소멸하는 것에 대한 연민은, 최근 몇년간 부모님을 다 떠나보내고 나서 더 깊게 느끼는지도 모르겠습니다."

아버지 엄마 이야기까지 꺼낸 것을 보면 두분의 응원이 필요했었나봅니다. 제가 뭘 하겠다는 건지는 그때 그 편지를 다시 읽어봐도 애매하기 짝이 없습니다. 그만큼 어디로 갈지도 모르면서 시작한 일이었습니다. 길목에서 사람을 만나고, 그 사람이 다음 골목으로 안내해주어서 여기까지 왔습니다. 박과장도 그중 한 사람이었습니다.

이튿날 아침에 그룬디씨의 편지를 받았습니다. "한국에 있는 손녀로부터 당신 편지를 받았습니다. 연락해주어서 고맙습니다. 내가 도울 일이 있으면 이리로 연락하십시오. 짐." 짧은 세문장과 전화번호, 거기까지였으면 그의 마음을 읽기가 어려웠을 텐데 마지막에 이런 말과 오래된 사진 한장이 붙어 있었습니다. "1950년에 찍은 사진. 나이 열아홉." 그걸로 알았습니다, 그도 이야기하고 싶어한다는 것을.

그는 맨체스터에 살고 있으니 그를 만나려면 거기까지 가야 했습니다. 저는 그때까지 런던보다 북쪽 지방은 가본 적이 없었습니다. 이곳에 온 후 겁이 많아진 건지 위축된 건지, 멀리 여행하는 것을 꺼렸습니다. 혼자 맨체스터에 가는 것이 큰 걱정이었습니다.

마지막에 이런 말과 오래된 사진 한장이 붙어 있었다.
"1950년에 찍은 사진. 나이 열아홉."
그것으로 알았다, 그도 이야기하고 싶어한다는 것을.

비행기를 타야 하나 기차를 타야 하나, 교통비는 얼마나 들까, 하룻밤을 자야 할까, 생각이 많아졌습니다. 그래도 가겠다는 의사는 밝혀야겠기에 "한번 찾아뵙겠다"라고 편지를 쓰니 그는 "이번 주부터 건물 스프링클러 공사를 하니 조용히 이야기하려면 공사가 끝나는 6월에 오는 게 좋겠다"라고 했습니다. 오히려 잘되었습니다. 그는 공사가 없으면 이번 주라도 왔으면 좋겠다고 기대한 듯하지만, 스프링클러가 시간을 벌어주었습니다. 오래전에 한국에 왔던 이 사람들에 대해서 공부를 할 시간이 생겼습니다. 도움이 될 만한 책을 몇권 주문했습니다.

저 멀리 아시아 동쪽 끝에서 일어난 전쟁에 영국 젊은이들이 무슨 생각으로 갔는지는 책을 읽고 알았습니다. 이렇게 말하면 어떨까 싶지만, 그들이 무슨 거창한 사명감을 가지고 한국에 간 것 같지는 않습니다. 나라에서 가라고 하니까, 혹은 남자라면 전쟁터에 가는 것이 당연하니까, 혹은 돈을 벌 수 있으니까 배를 타고 그 먼 전쟁터로 떠난 듯합니다. 한국전쟁에 참전한 영국군 대부분은 의무징집병이었습니다. 그들은 대부분 열여덟, 열아홉살이었습니다. 지금의 눈으로 보면 소년들이라 할 수 있겠으나, 그 시절은 다들 일찍 어른이 되었으니 젊은이라고 불러야겠습니다.

영국의 징병제는 제1차 세계대전 중인 1916년에 처음 시작되었습니다. 완전히 폐지된 것은 마지막 입대자가 제대한 1963년입니다. 1, 2차대전 때 열여덟살에서 마흔살 사이의 건장한 남자는 모두 군인이 되었습니다. 전쟁이 한창일 때는 여자들도 군복무를 했습니다. 그때는 모든 이의 집 앞에 전쟁이 서 있던 시절이었겠습니다. 1950년은 2차대전이 끝난 뒤라 열여덟살에서 스물한살 사이의 청년이 18개월 동안 군대에 갔던 때였습니다. 한국전쟁에 영국군이 참전하면서 군복무 기간은 24개월로 늘어났습니다. 그 먼 나라 전쟁터에 다녀오려면 18개월이 너무 짧았습니다.

이 책을 만나서 반가웠습니다. 스티븐 켈리Stephen F. Kelly라는 구술사학자가 쓴 『한국전쟁의 영국 병사들: 그들의 말』*British Soldiers of the Korean War: In Their Own Words*입니다. 글쓴이는 첫머리에 이렇게 밝혔습니다. "한국전쟁에 참전한 병사들의 기억과 이야기가 사라지지 않도록 남겨서, 다음 세대가 그들이 감내해야만 했던 두려움을 이해할 수 있게 하기 위해 이 책을 썼다."

이들이 하는 말을 듣고 알았습니다. 어떻게 그 먼 나라까지 가게 되었는지, 가면서 무슨 생각을 했는지, 거기서 보고 겪은 것은 무엇이었는지, 그리고 어떻게 다시 고향으로 돌아왔는지. 그들의 이야기를 모아보면 대략 이런 그림이 보입니다.

영국 청년들은 열여덟살 생일이 지나면 바로 입영통지서를 받았다. 한국전쟁에 파병된 장병 대부분은 의무징집병이었다. 많은 이들이 한국이 어디에 있는지도 몰랐다. 사우샘프턴이나 리버풀에서 배를 타고 4~5주 정도 가면 홍콩이나 싱가포르, 일본에 도착했고 거기서 한국으로 향했다. 먼 나라 전쟁터로 떠날 때의 기분은 이런 것이었다. '멋진' '근사한' '로맨틱한' '모험'.

"나는 한국이라는 나라를 들어본 적도 없었지만 그래도 이게 뭔가 색다른 모험이라고 생각했다. 그곳에서 어떤 일이 일어났는지 잘 몰랐고, 다른 병사들도 대부분 나와 비슷했다고 생각한다." (브라이언 데일리)

"우리가 한국으로 가게 된다는 말을 들었을 때 별로 개의치 않았다. 우리 아버지, 할아버지, 삼촌과 사촌 들은 모두 1, 2차대전에서 싸웠기 때문이다. 한국전에 대해서는 뉴스로 잠깐 본 적이 있었다. 그래서 아주 기본적인 것은 알고 있었지만, 무엇을 경험하게 될지는 전혀 몰랐다. 우린 6주 동안 기초훈련을 받고 떠났다." (짐 루콕)

군인을 태운 배는 대부분 부산항으로 들어왔다. 부두에서는 미군 밴드가 「세인트루이스 블루스」 같은 곡을 연주하면서 환영해주었다. 부산의 첫인상은 강렬했다. 지독한 냄새가 났다. 위생시설이라고는 없는 것 같았다. 상륙한 후에는 전선까지 기차로 이동했는데, 그 여정은 고통스러울 만큼 길었다. 기차는 천천히 움직였고, 음식과 물은 부족했고, 화장실은 전혀 없었다. 서울까지 30시간이 걸렸다.

처음에 만난 적은 추위였다. 1950년 겨울은 기온이 섭씨 영하 40도까지 내려갔다. 그런 추위는 생전 처음이었다. 우리 복장은 허술하기 그지없었다. 미군은 털을 누빈 코트를 입었는데 영국군은 기껏해야 얇은 플란넬 셔츠에 조끼, 내복바지, 군복 위에 스웨터를 입는 게 다였다. 많은 병사가 동상에 걸려 손가락과 발가락을 잘랐다. 얼어 죽기도 했다. 이듬해 겨울에는 월동준비를 해서 상황이 조금 개선되었지만 한국의 추위는 상상을 초월했다. 우리는 전투에서뿐만 아니라 생존을 위해서도 투쟁해야 했다.

전쟁은 나중에 삼팔선 부근에서의 참호전이 되었다. 제1차 세계대전의 끔찍한 참호전과 양상이 비슷했다. 고지에 우리 키보다 더 깊게 참호를 파고 생활했다. 불과 200미터 앞에 적이 있어서 우리는 참호 안에서 움직이는 것도 조심해야 했다. 군화를 벗을 수도, 편안히 쉴 수도 없었다. 참호 안은 비가 오면 물이 찼다. 쥐들도 많았다. 그렇게 큰 쥐들이 그렇게 많이 돌아다니는 것도 처음 봤다.

우리를 지탱해주었던 것은 아주 가끔씩 받는 가족들이 보낸 편지였다. 1952년 2월, 조지 6세 왕의 서거소식은 곧 알 수 있었다. 군인들은 새로운 군주 엘리자베스 2세 여왕에게 충성을 맹세했다. 그것 말고는 영국 소식은 거의 듣지 못했다. 우리는 고치

속에 갇힌 것 같았다. 잊힐까봐 두려웠다. 병사들은 여자친구에게서 헤어지자는 '디어 존' 편지를 받기 시작했다.

한국전에서 영국군은 1,000명 이상 전사했다. 미군 전사자는 3만 6천명에 달한다. 남한사람은 100만명 이상 죽었고, 중국군과 북한사람도 150만명 이상 죽었다. 악몽 같은 전쟁이었다. 끊임없는 포격과 공습, 혹독한 추위, 열악한 장비, 고립감, 언제든 죽거나 포로가 될 수 있다는 공포는 인간이 견딜 수 있는 심리적 한계를 시험했다. 끔찍하게 죽은 병사의 시신을 무수히 많이 봤다. 창자가 나오고 머리가 부서진 인간의 몸을 보는 것에 익숙해져야 했다.

한국전쟁에 참전한 영국군이 겪은 비극적인 일 중 하나는, 고향에서는 이 전쟁을 아는 사람이 거의 없었다는 것이다. 복무를 마치고 돌아온 장병에 대한 환영은 없었다.

"한국을 떠나 홍콩을 거쳐 다시 사우샘프턴에 도착했다. 우리는 전쟁영웅답게 가슴에 리본을 달고 있었다. 항구에 도착하자 담당 장교에게 무기를 반납했다. 그는 내게 하프크라운(과거 영국 주화. 약 200원) 동전 한닢과 치즈샌드위치 한개, 그리고 맨체스터로 돌아가는 기차표 한장을 주었다. 그게 전부였다. 세관원이 신고할 것이 있느냐고 물었다. 없다고 대답하자 그럼 가라고 했다. 우리는 기차를 타고 런던에 도착했다. 맨체스터로 가는 기차를 기다리면서 술집에서 그 동전으로 맥주를 마셨다. 맨체스터에 돌아왔을 때 역에는 아무도 없었다. 우리 가족은 내가 며칠 후에 오는 줄 알고 있었다. 어머니는 그 시간에 집에서 환영깃발을 만들고 계셨다. 내가 좀더 늦게 왔다면 집 앞에서 환영깃발을 보고 뛰어 들어갔을 텐데. 어쨌든 그렇게 혼자 집으로 돌아왔다. 동전 한닢, 치즈샌드위치 한개, 기차표 한장을 받고." (브라이언 호프)

"아무도 내게 한국에 대해 묻지 않았다. 돌아와서 얼마 후 댄스파티에 간 적이 있다. 군복을 입었다. 그것밖에 다른 옷이 없었다. 사람들이 이 리본이 무엇이냐고 물었다. 전투를 상징한다고 답했다.
'전투? 무슨 전투?'
'나는 한국에 있었어.'
'뭐? 한국? 그게 어딘데?'
그들은 아무것도 모르는 것 같았다. 한국전쟁은 신문에도 텔레비전에도 거의 보도되지 않았다. 나는 그 이유를 모르겠다." (빌허스트)

영국에서 한국전쟁을 '잊힌 전쟁'이라고 부를 때, 그것은 시간이 지나면서 망각되었다는 뜻이 아니라, 애초에 아무도 기억하지 않은 전쟁이라는 뜻이었나봅니다.

인연은 참 묘하지요. 이 책에 짐 그룬디 씨의 이야기가 있었습니다. 그 이름을 보고 얼마나 놀랐는지 팔에 소름이 다 돋았다니까요. 장마다 조각조각 나뉘어 있는 그의 이야기를 한데 모으니 그의 삶이 이렇게 보였습니다.

나는 지금 내가 살고 있는 바로 여기, 맨체스터 에클즈에서 태어났다. 어머니는 내가 세살 때 돌아가셨고 아버지는 우리에게 아무것도 해준 게 없었다. 우리 아홉 남매는 랭커셔에 있는 서로 다른 고아원으로 흩어졌다. 그래서 나는 아홉살 때부터 내게 소리지르는 사람들에게 둘러싸여 살았다.

고아원을 떠날 나이가 되면 남자아이들은 주로 농장으로 보내졌다. 나는 더비셔에 있는 농장으로 갔다. 농장 사람들은 나를 괴롭혔다. 열여덟살이 되었을 때 농장을 나왔는데, 농장주가 기관에 전화를 해서 내가 군대에 갈 나이가 되었다고 알렸다. 1949년 10월에 입영통지가 왔다. 군대에 가니 부대 선임하사가 내게 고함을 쳤다. 나는 아무렇지도 않았다. 그건 익숙한 일이었다. 일년 동안 군생활을 하다가 정규군이 되기로 마음먹었다.

1951년 2월에 한국에 갔다. 사우샘프턴에서 배로 일본 히로시마현 쿠레시로 갔고, 거기서 부산으로 향했다. 한국에 도착해서는 대구에 집결해서 자대배치를 받았다. 나는 척추에 문제가 있어서 전방으로 가지 못했다. 군대에 오기 전에 무슨 일을 했냐

고 물어서, 마지막으로 한 일이 에클즈 생활협동조합에서 장의
사 훈련을 받은 것이라고 답했다. 며칠 후에 의무대 소령이 오더
니 쉽고 괜찮은 일이 있다고 했다. 그를 따라 병원에 가니 시신이
세구 있었다. 이 병사들을 좀 잘 닦아주라고 했다. 시신은 사망한
지 몇달이 지난 상태였고 거긴 시신을 보관할 냉장실도 없었다.
나는 그들을 닦았다. 그후 나는 시신수습 프로그램을 수료하고
시신수습팀에서 일하게 되었다. 팀은 다섯명으로 구성되었는데,
네 사람은 시신을 옮기고 한 사람은 등에 무전기를 메고 뒤를 따
랐다.

전투 중에 부상자가 생기면 데리고 가지만 전사자는 그곳에
남겨둔다. 위치를 확인해두고 나중에 시신수습팀이 찾으러 가는
데, 몇주, 몇달이 지나 찾게 되는 경우도 있다. 그러면 이미 시신
은 형태를 알아보지 못할 정도로 부패해 있었다. 논에서 올라오
는 거품을 보고 찾은 경우도, 시신을 만지자마자 사지와 머리가
떨어진 경우도 있었다.
우리는 낮에만 일했다. 중국군 시신수습팀을 만나는 날도 있었
다. 그들도 다섯명이 한팀이어서 우린 서로를 알아볼 수 있었다.
그들이 찾는 시신이 어디 있는지 알면 손을 들어 알려주었고, 그
들도 그렇게 했다. 우린 서로를 공격하지 않았다.
에클즈 생협에서 장의사 훈련을 받은 덕분인지 이 일을 하기

싫다고 생각한 적은 없었다. 오히려 전방에 있는 병사들은 목숨 걸고 싸우는데 나는 안전하게 있는 것 같아서 괴로웠다. 내 일을 잘하고 싶었다. 늘 이런 생각을 했다. '이 전쟁에서 죽은 게 누구이든 간에, 그는 어떤 어머니의 아들이다.'

그때 가장 괴로웠던 것은 시신의 신원을 확인하지 못할 때였다. 시신이 여러구가 있을 때 인식표가 없으면 이름을 확인할 수 없었다. 북한군은 종종 인식표를 떼어가거나 서로 바꿔놓았다. 나는 전사자 마흔명쯤을 이름을 확인하지 못한 채 묻어야 했다. 그게 지금도 미안하다.

그때 본 민간인들의 시신 때문에 여전히 괴롭다. 총에 맞거나 얼어 죽은 어린이와 여인, 노인의 모습이 떠오르면 가슴이 미어진다. 나는 아직도 악몽을 꾸는데, 잠에서 깨면 겨울밤에도 땀에 흠뻑 젖는다. 죽은 병사들의 모습은 이제 그리 마음이 쓰이지 않는다. 마음이 머무는 것은 민간인 희생자들이다. 이 이야기를 내 친구 브라이언 호프에게 했더니 그도 그렇다고 했다. 전쟁통에 본 어린이들 이야기를 할 때 그는 눈물을 흘린다. 브라이언은 그래서 지금 어린이들을 가르치는 일을 하는 모양이다. 그는 영국 학생들에게 한국전쟁 중에 어떤 일이 있었는지를 이야기해준다.

나는 그때 정말 순진했다. 한국에서 무슨 일이 벌어지고 있는지 전혀 모른 채 전쟁터로 갔다. 열아홉살이었다. 누가 한국군인지 북한군인지도 구별이 안되었다. 북한군은 때때로 한국군복을 입기도 했다. 아무도 믿을 수 없었다. 날씨는 혹독했다. 영국보다 겨울은 네배나 더 추웠고, 여름은 네배나 더 더웠다. 겨울에는 언 땅을 파는 것이 어려웠지만 그래도 냄새가 나지 않아서 좋았다. 여름에 시신에서 가스가 나올 때 그 냄새는 참기가 어려웠다. 지금도 날씨가 더울 때는 내 손에서 그 냄새가 나는 것 같다. 결코 나를 떠나지 않을 냄새다. 그건 총에 맞아 죽거나 얼어 죽은 아이들의 모습이 떠나지 않는 것과 비슷하다. 나는 그 아이들을 묻어주지도, 적당한 곳으로 옮겨놓지도 못했다. 그게 마음이 아프다. 조금만 더 잘했더라면.

하루 일을 마치고 저녁에 본부로 돌아오면 사람들이 물었다. '오늘은 거기서 누굴 찾았니?' 나는 아무 말도 하지 않았다. 그 대신 다트나 카드게임을 했다. 맥주를 마시기도 했다. 우리한테는 늘 냄새가 나서 사람들이 곁에 오지 않았다. 거긴 샤워시설이 없었고 적십자사가 한달에 한번 이동식 샤워를 가지고 오는 게 고작이었다. 아무리 비누로 씻어도 냄새는 가시지 않았다. 일주일에 7일을 일했다.

집으로 돌아왔을 때 사람들이 물었다.
'한동안 안 보이던데 어디 갔었어?'

'한국에 있었어.'

'아, 그랬구나.'

그것뿐이었다. 아무도 내가 무엇을 겪었는지 묻지 않았다. 사람들은 한국에서 어떤 일이 있었는지 관심이 없었고 알지도 못했다. 나도 이야기하지 않았다. 1956년에 군대를 떠났다.

영국은 전사자를 본국으로 데려오지 않았다. 미국과 필리핀은 시신을 고향으로 데려갔는데 영국군 전사자는 모두 부산에 묻혔다.

남북정상회담 때문에 들떠 서성댔던, 그리고 '잊힌 전쟁' 때문에 서글펐던 그 봄은 그즈음에 여름으로 넘어갔습니다. 열여덟, 열아홉살에 전쟁터로 떠났던 세 청년을 만난 것은 6월이었습니다.

여름: 황량한 벌판

마을 사람

처음부터 우리 마을에서 찾아보려고 했습니다. 제 삶은 이 작은 도시 밖을 거의 넘지 않습니다. 제가 사는 곳이 연극무대 같다는 생각을 가끔씩 합니다. 배경이 바뀔 필요가 없고 나오는 사람도 몇 안되는 그런 단순한 연극의 무대 말입니다. 마을이 넓지도, 주민이 많지도 않아서 이곳에서는 장소도 사람도 깊이 만나게 됩니다. 참전군인을 이곳에서 만난다면 그도 어쩐지 깊게 알아갈 수 있을 것 같았습니다.

성당 사람들에게 물었습니다. 혹시 아는 사람 중에 한국전에 참전한 사람이 있느냐고요. 어떤 이가 자기가 아는 사람이 한국전 참전자 같은데 워낙 연로하고 몸이 불편하니 그 아내에게 먼저 물어보겠다고 했습니다. 보름쯤 뒤에 다시 만났을 때, 그는 이렇게 말했습니다.

"알고 보니 그는 한국이 아니라 말라야에 있었대요. 그런데 그 경험이 너무 끔찍해서 그때 일은 좀처럼 다시 이야기하지 않는답니다. 아내 말이 안 만나는 게 좋겠다고 하네요."

"아, 충분히 이해합니다."

그 이야기를 듣자, 한국전 참전군인을 찾는다 해도 그가 이야기하고 싶어하지 않을 수 있겠다는 생각을 했습니다. 말라야 정글에서 싸웠던 노인이 전쟁의 기억을 떠올리고 싶어하지 않는 것처럼 말입니다.

도서관의 지역사 자료실에도 가보았습니다. 사서에게 이스트본 출신 한국전쟁 참전자가 있는지 알고 싶다고 하니, 여기서는 알 수 없고 이스트서식스주의 기록보존소 킵The Keep에 가보라고 했습니다. 킵은 옆 도시인 브라이턴에 있다며 주소를 적어주었는데, 고맙다고 말하고 받았지만 아무래도 기차를 타고 거기까지 갈 것 같지는 않았습니다. 어떤 일은 마음이 먼저 움직이고 몸이 저절로 따라가는데, 기록보존소에 가는 것은 마음도 몸도 잘 움직이지 않았습니다. 제가 참전군인 인터뷰를 연구과제로 했다면 그렇게 했겠지만, 이건 그렇게 할 일이 아닌 것 같았습니다. 설명하긴 어렵지만 왠지 마음이 그랬습니다.

그러다가 마이클 호크리지를 만났습니다. 저는 아직도 그게 어떻게 된 일인지 잘 모르겠습니다. 제가 그를 찾은 건지, 그가 저를 찾은 건지. 그는 애린이가 다니는 학교를 다녔습니다.

2018년 5월, 제가 만나는 사람마다 남북정상회담 이야기를 하고 다닐 때였습니다. 맥락과 상관없이 늘 그 이야기를 해서 여러 사람을 불편하게 만들던 때입니다. 이스트본칼리지 신축건물 완공 축하파티에 갔습니다. 애린이는 9월에 입학 예정이었는데, 학교는 예비학부모들도 파티에 초대했습니다. 애린이가 이 학교의 장학생이 되었다는 소식을 아버지 생전에 알려드릴 수 있어서 다행이었습니다. 아버지는 이 명문사립학교에 입학한 손주를 정말 대견해하셨죠. 그날 축하파티는 사람들로 붐볐습니다. 와인을 한 잔 마셔서인지, 아니면 그 며칠 동안 감정에 겨워 취해 있었던지, 저는 교장선생님에게 다가가서 또 뜬금없는 말을 건넸습니다.

"저는 미술장학생 애린이의 엄마입니다. 한국에서 왔죠. 혹시 남북정상회담 보셨나요?(또 시작했습니다!) 제가 한국전에 참전한 영국 장병을 찾고 있는데요, 혹시 이스트본칼리지 졸업생 중에 한국전 참전군인이 있을까요? 아직 생존해 있다면 한번 만나고 싶은데요."

"아! 남북정상회담은 저도 뉴스에서 봤어요. 트럼프를 믿을 수 있을지는 잘 모르겠으나, 남북한 정상이 만난 것은 코리언들에게 의미가 크겠네요. 회담이 평화로 이어지면 좋겠습니다. 졸업생의 참전 문제라면 저희 학교 아키비스트(기록담당관)에게 연락해보는 게 좋겠어요. 아마 도움을 줄 겁니다. 혹시 메모 가능하신가요? 이리로 전화해서 마이클이나 폴을 찾으세요."

다음날 아침에 학교로 전화를 걸었습니다. 아키비스트는 휴가 중이었습니다. 그가 일터에 복귀한다는 날을 달력에 잘 표시해두었지요. 그날이 되었습니다. 낮에 성당에 갔습니다. 이곳에 온 후에 평일 미사에 가는 날이 많아졌습니다. 특히 제가 하는 일에 응원이 필요할 때면 그렇게 합니다. 미사가 끝나고 집으로 돌아오면서 공원에 들른 것은 조용한 공원 벤치에 앉아서 전화를 걸어야겠다고 생각해서였습니다. 왠지 그렇게 하고 싶었습니다.

저는 아직도 영어로 전화를 하려면 번호를 누르기 전에 심호흡을 세번은 해야 합니다. 한국어로는 좀더 잘 설명할 수 있었을까요? 제 딴에는 조리 있게 말한 것 같은데 아키비스트는 제가 무슨 말을 하는지 못 알아듣는 눈치였습니다. 교장선생님 소개로 연락한다는 말을 처음부터 할 걸 그랬습니다. 한참 후에 그 말을 하니, 여전히 이해는 못 한 것 같은데 더이상 묻지 않고 한국전 참전자를 찾아보겠다고 했습니다. 제 이메일 주소를 알려달라고 해서 가르쳐주었습니다. 전화를 끊고도 한참을 앉아 있다가 천천히 걸어서 집에 왔습니다. 집까지 30분이면 충분한데 한시간쯤 걸렸습니다. 괜히 마음이 산란해서 청소를 시작했습니다. 잠시 후 '땅'

하고 이메일 알림음이 울렸습니다. 보낸 사람 폴 조던. 아키비스트였습니다.

데이비드 마이클 호크리지David Michael Hockridge는 1946년부터 1950년 12월까지 저희 학교에 다녔습니다. 그는 소위로 한국전에 참전해서 1952년 2월 6일에 전사했습니다. 학교 교정에 있는 전사자 추모벽에 그의 이름을 새긴 명판이 있습니다. 사진을 첨부했습니다. 1954년에는 학교 성당에 그에게 헌정하는 제단이 만들어졌습니다. 졸업생 중에 다른 참전자가 있는지는 더 찾아보겠습니다만 시간이 좀 걸릴 것 같습니다. 문의사항이 있으면 언제든지 연락 주십시오. 그런데 혹시 왜 이 조사를 하는지 이유를 여쭤봐도 될까요? ── 아키비스트 폴

'전사'라는 말이 무거운 추가 되어 마음에 쿵 떨어졌습니다. 참전군인을 찾으면서 어리석게도 전사자 생각을 못했습니다.

영국보다 네배는 더 추운 겨울날 한국에서 죽은 젊은이 생각에 내내 마음이 스산했습니다. 그도 부산에 묻혔겠다는 생각이 들어 유엔기념공원 웹사이트에 들어가보았습니다. 지난번 웹사이트를 방문했을 때 안장된 전사자를 확인할 수 있는 검색 기능이 있다는 것을 알았거든요. 그는 거기 있었습니다. 사이버 헌화를 했습

니다. 그리고 짐 그룬디 씨를 찾느라고 통화한 적이 있는 박은정 과장에게 이메일을 보냈습니다. 호크리지 소위의 매장기록을 알고 싶다고요. 어떻게 전사했는지, 부산에는 무엇이 묻혀 있는지도요.

저녁이 되니 마음이 더 쓸쓸해졌습니다. 집 안을 서성거리다가 다시 공원을 지나 성당에 갔습니다. 어스름한 저녁, 오래된 성당 안은 밖보다 더 어두웠습니다. 그 젊은이를 위해 초를 하나 켰습니다. 그의 평안을 기도했습니다. 눈을 감고 오랫동안 뭔가를 생각했는데, 그게 뭐였는지 기억이 잘 나지 않는 것을 보니 아마 모호한 바람 같은 거였나봅니다. 무슨 일이든 하게 해달라는, 무엇을 바라는지도 모르면서 하는 그런 기도 말입니다. 이미 66년 전에 죽은 그 젊은이를 위해 제가 할 수 있는 일이 무엇이 있겠습니까마는요.

첫번째 이메일을 받고 나서 며칠 후에 폴은 학교에 남아 있는 마이클 호크리지의 사진 두장과 문서기록 세건을 보내주었습니다.

사진 하나는 이 학교 럭비팀이 나온 1950년 신문기사였습니다. 열명쯤 되는 젊은이들이 서서 코치의 설명을 들으며 사과 같은 것을 먹고 있고, 사진 아래 설명에 "이스트본칼리지 럭비팀이 이스트본팀과 경기 중 휴식시간에 간식을 먹고 있다"라고 적혀 있었습니다. 마이클은 왼쪽 앞에 있었는데 옆모습이라 목덜미와 귀, 밝은 머리색만 또렷하고 얼굴은 잘 보이지 않았습니다. 다만 왼쪽 다리를 앞으로 내밀고 상체를 코치쪽으로 기울이고 있어서 편히 쉬는 것 같지는 않았습니다.

다른 사진은 1950년 학교 기숙사 단체사진에서 오린 작은 얼굴 사진이었습니다. 이스트본칼리지는 1867년에 남학교로 설립되었고 1969년에 남녀공학이 되었으니까, 그가 학생이었을 때는 남학생을 위한 기숙학교였습니다. 그는 넥타이를 매고 양복을 입고 있었습니다. 지금도 영국 학생들은 교복으로 그런 정장을 입습니다. 사진이 너무 작고 흐릿해서 얼굴을 알아보기는 어려웠습니다. 다만 그가 밝은 금발에 이마가 넓고 귀가 크다는 것은 알 수 있었습니다. 흐릿한 사진이어도, 얼굴을 보는 것은 이름만 들었을 때와는 또다른 느낌을 줬습니다. 그래서 한참을 봤습니다.

그에 대한 기록을 읽었습니다. 그는 모두가 부러워할 만한 '엄친아' 같았습니다. 마이클은 1950년에 이 학교 학생회장이었습니다. 고전문학반 멤버였고, 학교 럭비팀 대표선수였습니다. 1950년 12월에 졸업하고, 1951년에 입대했습니다. 군복무 후 1953년 10월에 옥스퍼드대학교 입학이 예정되어 있었습니다. 그는 1951년 11월에 소위 군복을 입고 마지막으로 학교를 찾았습니다. 그리고 3개월 후 학교에는 그가 한국에서 전사했다는 소식이 전해졌습니다.

첫번째 문서는 1952년 학교 잡지에 실린 그의 부고기사였습니다.

이스트본칼리지 럭비팀 선수들이
휴식시간에 간식을 먹는 모습이 담겼다.
마이클은 왼쪽 앞에 있었는데
옆모습이라 목덜미와 귀, 밝은 머리색만 또렷하고
얼굴은 잘 보이지 않았다.

데이비드 마이클 호크리지 소위. 로열 레스터셔 연대 제1대대 셔우드 포리스터즈 소속. 1952년 2월 6일 수요일, 한국에서 전사했다.

마이클 호크리지는 1946년 1월에 우리에게로 왔다. 뉴칼리지 학교 출신의 조그만 소년이었다. 마이클은 1950년 12월에 학교를 떠났다. 학생회장이자 고전문학반과 럭비팀 '수사슴'의 멤버였다. 1951년 11월에 그는 마지막으로 학교를 방문했다. 카키색 소위 군복을 입고 있었다. 병역의무를 지는 것에 자부심이 넘쳐 보였다. 짧게 정리한 콧수염이 그가 더이상 학생이 아니라 군인이라는 것을 강조하는 듯했다. 마이클은 언제나처럼 생기와 활력이 넘쳤다. 무슨 일이 있어도 한국에 가겠다고 말했고, 그렇게 했다. 그는 영국을 떠났다는 것을 우리가 알기도 전에 벌써 한국에 있었다. 그리고 그의 육신은 곧 그 어둡고 먼 땅에 묻혔다.

외아들을 잃은 부모님에게는 마이클의 친구들이 건네는 깊은 슬픔과 연민이 조금이나마 위로가 될 것이다. 마이클은 친구가 많았다. 그를 모르는 교사나 학생은 거의 없었다. 그는 무슨 일이든 했다. 꼭 필요하지만 지루하고 생색도 안 나서 많은 학생들이 하기 싫어하는 일도 마다하지 않았다. 친절하고 따뜻하고 사려 깊은 사람이었다. 그의 도움을 받은 모든 후배들은 그를 학생회장이자 선배로 오래 기억할 것이다. 그는 무엇보다 행동파였다. 고전문학반 멤버이긴 했지만 책을 사랑하는 사람은 아니었다. 럭비 경기장에서 거침없이 뛰어다닐 때 가장 행복해 보였다.

마이클이 다음해 10월에 입학 예정이었던 옥스퍼드대학교 링컨칼리지의 자기 자리를 채우지 못한 것은 슬픈 일이다. 그 대신 그는 분명 다른 자리에 존재한다. 그가 헌신했던 이 학교와 기숙사의 기억 속 한 자리에 말이다.

그의 친구가 쓴 글이다.

"마이클 호크리지와 같이 학교에 다녔던 모든 이들은 그가 놀랍도록 용감했고, 자신의 허물에 눈감지 않았고, 언제나 스스로에게 정직했다고 기억할 것이다. 또 많은 이들은 그가 고통에 이상할 정도로 무감했고, 좀처럼 두려움을 몰랐다고 생각할 수도 있다. 그러나 마이클의 친구가 되는 행운을 가졌던 우리는, 그가 우리 모두와 마찬가지로 인간의 나약함 때문에 괴로워했다는 것을 안다. 그의 용기는 그 나약함을 극복하기 위해 그가 평생에 걸쳐 애쓴 노력의 결과이다. 그는 용감했을 뿐만 아니라 충성을 다하고 헌신하는 사람이었다. 훌륭한 럭비선수가 된 것은 단지 기술이 탁월해서가 아니라 이러한 성품 때문이었다. 우리가 그의 죽음을 견뎌낼 수 있는 것은 그의 한평생이 우리에게 준 교훈이 있기 때문이다. 한 친구가 말했다. 돌이켜보니, 그는 늘 당당하게 죽는 것을 연습해온 것 같다고."(『올드 이스트보니언』*The Old Eastbournian* 1952년호)

마이클이 외아들이었다는 사실이 제일 먼저 눈에 들어왔습니다. 자식 떠난 자리가 크지 않은 부모가 어디 있겠습니까마는, 외아들을 잃은 부모에게는 그 빈자리를 조금이라도 위로하고 채워줄 이가 아무도 없을 것 같았습니다. 그 부모는 같이 살 수 있었던 시간이 그리도 적었던 아들을 기숙학교에 보낸 것을 후회했을지도 모르겠습니다.

짧은 글인데 그 안에 긴 이야기가 어른어른 배어나올 때가 있습니다. 글쓴이가 어떤 이유에서인지 쓰지는 않았지만 애써 감추려 하지도 않았을 때 그런 글이 나옵니다. 부고의 마지막에 있는 '그의 친구가 쓴 글'이 그랬습니다. 허물에 눈감지 않은, 고통에 무감한, 인간의 나약함, 충성과 헌신 같은 단어들 때문에 묘한 느낌을 받았습니다. 특히 마지막 문장이 마음을 사로잡았습니다. "돌이켜보니, 그는 늘 당당하게 죽는 것을 연습해온 것 같다고." 왜 그 친구는 조사를 이렇게 마무리했을까요? 부고를 처음부터 다시 찬찬히 읽다가 이번에는 이곳에서 멈췄습니다. "무슨 일이 있어도 한국에 가겠다고 말했고, (…) 그의 육신은 곧 그 어둡고 먼 땅에 묻혔다."

폴이 보내준 다른 문서는 그가 재학 중일 때 럭비 코치가 기록한 짧은 메모였습니다. 날짜는 적혀 있지 않았습니다.

D. M. 호크리지(포워드) —— 경기에서 엄청난 돌격을 한다. 항상 가장 어렵고 위험한 일을 담당한다. 그의 태클은 최고이고 스리쿼터를 지원하는 일도 잘한다. 그는 온몸을 던진다. 풀백에서 포워드로 포지션을 바꾼 것은 대성공이었다. 다만 좀더 체중을 늘릴 필요가 있다.

코치가 체중을 늘려야 한다고 하고, 부고기사 첫머리에도 '조그만 소년'이 왔다고 한 것을 보면 그는 작거나 마른 편이었나봅니다. 신문에 나온 럭비팀 사진을 보고 건장하다고 생각했는데 그건 그가 앞에 서 있었기 때문이었나봅니다. 코치의 메모에서는 이런 말들이 눈길을 끌었습니다. 엄청난 돌격, 가장 어렵고 위험한 일, 최고의 태클, 온몸을 던진다… 부고를 다시 읽었습니다. 거기에 있는 이런 말들과 겹쳤습니다. 행동파, 거침없이, 놀랍도록 용감한, 두려움 없는, 고통에 이상할 정도로 무감한.

그에 대해서 알 수 있는 것은 그게 다였습니다. 또다른 문서자료가 있었지만 그건 학교가 1952년에 전사한 졸업생 두명의 이름을 기려 성당에 새로운 제단을 하나 만들었다는 기사였습니다. 마이클의 죽음에 대해서는 그때까지도 더이상 알려진 게 없었던 모양입니다. 다른 전사자는 그래도 어떻게 사망했다는 설명이 있었는데 마이클은 여전히 "한국전쟁에서 1952년 2월 6일에 전사했다"라고만 되어 있었습니다.

그즈음에 유엔기념공원의 박과장에게서 이메일을 받았습니다. 그녀가 보내준 웹사이트 주소를 클릭하니 호크리지 소위의 묘비가 보였고 그 아래에 '안장자 기록보기'를 찾을 수 있었습니다. 오래된 문서를 스캔한 파일이 열렸고 거기에는 여러칸으로 나뉜 표에 타자와 손글씨로 그의 마지막이 기록되어 있었습니다. 사실만 적혀 있는 건조한 행정문서인데 그 안에서 여러 감정들이 한꺼번에 쏟아졌습니다. 그것들은 아마 누렇게 바랜 종이와 흐릿하게 번진 잉크 사이에 숨어 있었나봅니다.

매장기록(작성일: 1952년 2월 11일)

1. 신원

　이름: 호크리지, D. M.

　군번: 418149

　소속: 레스터셔 연대 제1대대 셔우드 포리스터즈 소위, 육군

　인종·종교·국가: 백인, 영국 국교회, 영국

　사망 장소: CT. 08.7-11.2 한국

　사망 원인: 미사일에 의한 우측 상박 부상

　사망일: 1952년 2월 6일

인식표: 미착용

시신과 함께 발견된 개인소지품: 없음

2. 매장기록

매장지: 한국 당곡 유엔군묘지

매장일: 1952년 2월 11일 14시

시신포: 캔버스천

묘비 표식: 십자가

묘비 위치: 23구역 11열 1679묘

종교예식: 기독교

집전자: 프레스턴 목사

3. 신원미상 유해

(작성지침: 훗날 유해의 신원확인을 위해 매우 사소한 단서라
도 자세히 정성껏 기록할 것. 하단에 해부학적 특징과 그 외의
다른 정보들을 기입할 것. 신발 사이즈, 사회보장번호, 비행기·
차량·탱크 등록번호 및 그 안에서의 유해 위치 등.)

키: 약 5피트 9인치

몸무게: 약 160파운드

눈 색깔: 확인하지 않음

머리카락 색: 금발

사망 당시 다음과 같은 영국군복을 착용: 야전 점퍼(사이즈 6),
군용 셔츠(사이즈 15.5), 군용 스웨터(사이즈 36), 야전 바지(사이즈
4), 전투화(사이즈 9), 양모 양말(사이즈 11)

기타 정보: 시신은 온전한 상태임

키가 5피트 9인치(약 180센티미터)이면, 학교에 입학할 때 자그
마했던 열다섯살 소년은 스무살이 되었을 때는 제법 컸나봅니다.
몸무게가 160파운드(약 73킬로그램)라니 럭비 코치 말대로 좀 마른
편이었겠습니다. 미사일에 의한 부상이라는 것이 어떤 상황인지
좀더 알고 싶었으나, 기록에는 오른쪽 팔과 어깨를 다쳤다는 것
말고는 다른 정보가 없었습니다.

사망 장소를 나타내는 좌표 CT. 08.7-11.2가 어디인지는 알 수
가 없었습니다. 그건 크리스마스 때 우리 집에 놀러 온 동생이 찾
아주었습니다. 재호는 누나가 하는 일을 도와준다고 시작했다가,
나중에는 수수께끼를 풀었을 때의 희열 같은 것을 느낀 모양입니
다. 미국 국립문서기록관리청National Archives and Records Administration 의
1950년대 군사지도를 찾아서 좌표를 계산했습니다. 저는 설명을
듣고도 이해를 못하겠는 복잡한 수식을 푼 끝에 마이클이 사망
한 곳이 경기도 연천과 동두천 사이라는 것을 알아냈습니다. 2월
6일에 이곳에서 전사하고 2월 11일에 부산에 매장되었으니, 그리

고 시신이 아무 데도 떨어져나가지 않고 온전한 상태였으니, 그는 짐 그룬디 씨가 수습했던 많은 전사자에 비하면 운이 좋았던 것 같습니다. 다행히 그때는 겨울이었습니다.

이 매장기록 파일을 아키비스트 폴에게 보내주었습니다. 이제라도 마이클의 마지막이 어떤 모습이었는지 조금이라도 알려줄 수 있어서 기뻤습니다. 학교에 남아 있는 그에 대한 기록은 1954년에서 멈춰 있었고 거기에도 그의 사망은 "한국전쟁에서 전사"라는 말 외에는 알려진 것이 없었는데, 어쩌면 이 매장기록이 학교가 모을 수 있는 그에 대한 마지막 기록일지도 모르겠다고 생각했습니다. 외아들이었으니, 부모님이 돌아가신 후에는 더 이상 그를 기억해줄 사람이 없을 것 같았습니다.

제 생각이 틀렸습니다.

마이클 기억하기

폴과 제가 이메일을 주고받는 동안에 선임 아키비스트 마이클 파트리지 씨는 마이클에 대한 친구들의 기억을 모으고 있었습니다. 1946년부터 1950년 사이에 재학했던 졸업생들을 부지런히 수소문했습니다. 스무살 때 죽은 친구를 기억하는 아흔살 가까이 된 노인들이 편지를 보내왔습니다. 그는 이 기록을 엮어서 학교 잡지에 실릴 마이클에 대한 글을 쓰고 있었습니다. 나중에 들으니 파트지리씨 자신도 마이클과 같이 학교에 다녔던 그의 친구였다고 하더군요. 둘은 같은 럭비팀 소속이었습니다. 1950년 신문에 실린 럭비팀 사진에는 두 사람이 같이 있었습니다. 당시 열여덟살이었던 이 사진 속 소년들은 오랜 시간이 지난 후에 이렇게 다시 만나게 되리라고는 상상도 하지 못했을 겁니다.

제가 이스트본칼리지에 폴과 마이클, 두 아키비스트를 만나러 간 것은 6월 25일이었습니다. 남북정상회담에 설레어 서성인 지 두달, 폴에게 뜬금없는 전화를 건 지 한달 만입니다. 집을 나서면서, '이야기 도중에 오늘이 한국전쟁이 시작된 날이라고 말하면 이 일의 연결고리 하나를 더 찾아낸 기분이겠다' 하고 생각했습니다. 날씨는 화창했습니다.

약속시간보다 조금 일찍 도착했습니다. 접수처에 방문자 기록을 하고 기다리는데, 젊은 남자와 자그마한 노인이 건물로 들어왔습니다. 통유리로 된 큰 현관문을 밀고 들어오는 두 사람을 보면서, 밖에서 안으로 들어오는 사람은 등 뒤로 햇살을 업고 온다는 것을 알았습니다. 그 빛 때문인지 흰색 셔츠가 더 하얗게 보였습니다. 일어나 악수를 했습니다.

폴과 마이클은 먼저 저를 학교 건물 중앙에 있는 전사자 추모 벽으로 데려갔습니다. 건물의 중앙통로 같은 곳인데 양옆 벽면에는 1차대전 전사자의 이름이, 뒷벽면에는 2차대전 전사자의 이름이 적혀 있었습니다. 이 학교 졸업생 중 1차대전에서 174명이, 2차대전에서는 163명이 목숨을 잃었답니다. 그 이름들이 대리석에 빽빽이 새겨져 있었습니다. 마이클의 이름은 중앙 아치 위 높은 곳에 자리한 검은 돌에 새겨져 있었습니다. "먼 나라에서 벌어진 분쟁에서 목숨을 바친 졸업생을 기억하며"라는 글귀 아래 소말리아(1903), 팔레스타인(1945~47), 말라야(1950)에서 죽은 다른 다섯명과 함께 그의 이름이 있었습니다. 'D. M. 호크리지, 한국, 1952년.' 맨 아래에는 성경 구절이 한줄 새겨져 있었습니다. "친구들을 위하여 목숨을 내놓는 것보다 더 큰 사랑은 없다(요한복음 15:13)."

학교 성당에 1952년에 사망한 전사자 두명을 기념해서 만들었다는 제단을 보러 갔습니다. 소박한 성당이었습니다. 제단이 전면 오른쪽에 있다고 해서 앞으로 갔는데 찾을 수가 없었습니다. 한참을 둘러보다가 제단은 이미 사라지고 벽에 새겨진 글만 남았다는 것을 알았습니다. 제단이 없다는 것을 확인하고 폴도 마이클도 당황해했습니다. 두 사람은 성당 건물 관련 기록을 다시 꼼꼼히 정리해야겠다고 한참을 서서 이야기했습니다.

성당 안에서였던 것 같습니다, 제가 폴에게 "68년 전 오늘 한국전쟁이 시작되었다"라고 말한 것이. 말하면서 68년이라는 시간을 그들이 어떻게 느낄지 궁금했습니다. 그것은 긴 시간일지, 아니면 짧은 시간일지요. 오래된 것들이 많이 남아 있는 영국에서 저는 가끔씩 시간의 거리를 놓쳐버립니다. 한국에 있을 때는 전쟁이 먼 옛날 일인 것 같았는데, 지금은 잘 모르겠습니다.

이곳은 가을이 되면 1차대전 전사자를 기억하는 양귀비꽃이 거리에 가득합니다. 많은 사람들이 가슴에 빨간 양귀비꽃 '포피'를 달지요. 그걸 보면 100년도 더 전에 일어난 전쟁이 아주 가까

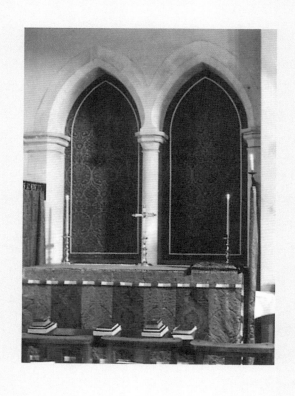

학교 성당에 1952년에 사망한 전사자 두명을
기리기 위해 만들었다는 제단을 보러 갔다.
소박한 성당이었다.
제단은 이미 사라지고 벽에 새겨진 글만 남았다.

운 과거처럼 느껴집니다. 저는 폴에게 이런 이야기도 했습니다. "한국에서는 이 전쟁을 6·25전쟁이라고도 불러요. 전쟁이 시작된 날이 그 전쟁의 이름이 된 것이 좀 특이하죠." 그는 흥미롭게 들 었습니다.

성당을 나와 교정을 걸으면서 파트리지씨가 조심스럽게 말을 꺼냈습니다.

"나중에 들은 이야기인데… 마이클과 같이 전쟁터에 있었던 사람 말이, 그는 자신의 죽음에 상당 부분 책임이 있다고 합디다. 무모했다고요. 그런데 그 이야기를 들었을 때 우리는 마이클답다고 생각했어요. 그는 당시에도 우리가 이해하기 어려웠던 행동을 하곤 했거든요. 자해 같은 것 말입니다."

어떤 선생님에 대한 이야기도 해주었습니다.

"마이클과 앨럼 선생님은 각별했습니다. 선생님은 마이클을 사랑했어요. 그들은 많은 시간을 함께 보냈습니다."

그는 1952년 학교 잡지 부고기사 마지막에 인용된 글을 쓴 '그의 친구'가 미스터 앨럼이라고 확신했습니다. "마이클을 그렇게 묘사할 수 있는 이는 그분일 겁니다."

불쑥 이야기를 던지고 노인은 천천히 발걸음을 옮겼습니다.

"날씨가 좋네요. 이제 갈까요?"

아키비스트들을 따라서 그들의 사무실에 갔습니다. 폴은 마이클의 파일을 보여주었습니다. 학교 기록관에서는 한 주제에 관해서 어느정도 기록이 모이면 별도의 파일을 만드는데, 이번에 마이클의 기록을 파일로 만들었다고 했습니다.

폴이 기록관 창고를 보여주겠다고 해서 그를 따라 위층으로 올라갔습니다. 오래된 사진들을 담은 상자가 가득한 방에서 그와 이야기를 나누었습니다. 제가 먼저 말을 꺼냈습니다.

"오늘 이야기를 들어보니 마이클이 어떤 사람인지 어렴풋이 그려집니다. 그런데 그건 제가 지금까지 가지고 있었던 참전군인의 이미지와는 많이 다르네요. 복잡한 이유에서, 어쩌면 매우 개인적인 이유에서 전쟁터로 간 젊은이가 보여요. 자유롭고 혼란스럽고 무모하고 모순적이고 섬세한 젊은이가요. 자신의 용기를 끊임없이 증명해 보이려고 했던 것 같기도 하고요. 왠지 안쓰러운 마음이 들어요. 그런데 마이클을 이렇게 기억하는 것이 전사자에 대한 예우에서 벗어나는 것은 아닐까요?"

"어떤 이를, 우리가 믿고 싶은 대로 기억하는 것이 아니라 그 사람 자신의 모습으로 기억해주는 것이 더 존중하는 방법 아닐까요? 마이클에 대한 여러 사람들의 기억은 그가 어떤 청년이었는지 상당히 일관된 모습을 보여주는 것 같습니다. 사실 어떤 이야기는 우리가 학교 잡지에는 쓰기 어렵기도 합니다. 나이 많은 동문을 불편하게 할 수도 있으니까요. 그러나 당신은 그렇지 않잖아요?

내가 당신이라면, 마이클을 있는 그대로 쓰겠습니다."

"하긴 그렇게 보면, 개인을 그대로 드러냄으로써 전쟁터에 나간 젊은이들이 지금 우리와 크게 다르지 않은 사람들이었다는 것을 보여줄 수도 있겠네요. 각자 자신의 고민을 가졌던, 자기 자신과 싸워야 했던 젊은이요. 제가 이 이야기를 글로 쓴다면 '마이클 기억하기'Remembering Michael라고 이름 붙이게 될지 모르겠어요."

"좋은 제목이네요, 마이클 기억하기."

그리고 한참이 지난 후에 파트리지씨가 마이클에 대해 쓴 글이 학교 잡지에 실렸습니다. 이스트본칼리지는 매년 잡지를 한권 발간해서 재학생과 학부모, 졸업생 들에게 모두 보내줍니다. 이번 잡지에 실린 글 중 가장 길어서인지, 제 마음이 그래서인지, 저는 파트리지씨의 글이 꼭 특집기사처럼 느껴졌습니다. 그것은 친구들의 기억을 모아 그린 마이클의 모습이었습니다. 그게 마이클의 진짜 모습과 얼마나 닮았는지는 모르겠습니다. 하긴 누군가의 진짜 모습이라는 것이 있을까 싶습니다. 어쩌면 우리 각자가 기억하는 모습만 있을지도요.

마이클 호크리지: 한국전쟁의 전사자

한국전쟁은 1950년 6월 25일에 발발했다. 북한군 7만 5천명이 삼팔선 이남으로 진격해왔다. 남한을 공산화하기 위해서였다. 우리가 언제나 마이클이라고 불렀던 데이비드 마이클 호크리지 (1946~51년 재학)는 한국전쟁에 참전했다. 미국이 주도하는 유엔군의 일원으로 한반도로 파견된 영국군 가운데 한 사람이었다. 그 가운데 많은 이들이, 어쩌면 대부분이, 병역의무를 지고 있는 의무징집병들이었다. 마이클도 그중 한명이었다.

그는 1931년 11월, 버크셔의 레딩에 사는 해리 호크리지와 그의 아내 사이에서 태어났다. 1946년 봄학기에 우리 학교에 왔고 곧 럭비구장에서 이름을 날렸다. 1950년 럭비팀 '수사슴'에서 거친 태클과 적진 깊숙이 파고들어 몸을 던지는 플레이로 유명해졌다. 그는 1950년에 학생회장이 되었다. 베리스퍼드 팔렛 (1946~51년 재학)과 친하게 지냈는데, 베리스퍼드는 지금 캘리포니아대학교 버클리캠퍼스의 명예교수이다.

베리스퍼드는 마이클을 생생히 기억하며 이렇게 회고한다. "마이클은 영혼이 자유로웠다. 내가 기억하기로 그는 마지막 2년 동안 학생회 간부였다. 잘생겼고, 겁이 없었다. 음악에 재능이 있었고 오르간을 연주했다. 그리고 두뇌 회전이 빨랐다. 그는 고전문학을 공부했고 옥스퍼드대학교에 가기로 되어 있었다. 그렇다고 책벌레는 아니었다. 사실 꼭 해야 하는 것 이상 더 많이 공부하지도 않았다. 뭐든지 쉽게 배우는 것 같았다. 나는 마이클의 근심걱정 없는 스타일을 동경했다. 그가 오르간을 연주하며 성당에서 우스꽝스럽게 장난치던 것이 기억난다. 마이클은 가끔 기숙사에 밤늦게 돌아왔는데, 길 건너편에 있는 앨럼 선생님 집에서 그와 저녁을 보내곤 했다. 기숙사 사감선생님에게는 절대 들키지 않았다. 나중에 앨럼 선생님은 내게 자신이 마이클을 얼마나 사랑했는지, 마이클이 죽은 후 얼마나 비통했는지 고백했다. 마이클은 내가 군대에 가기 조금 전에 입대했다. 그리고 그가 한국에 가자마자 곧 죽었다는 비보를 들었다. 그를 기억하는 사람들은 쉽게 떠올릴 수 있다. 그가 얼마나 겁이 없었는지, 그게 무모함의 경계와 얼마나 맞닿아 있었는지."

마이클 파트리지(1946~51년 재학)는 이렇게 말한다. "마이클과 나는 좋은 친구였다. 그건 같은 기숙사 건물을 쓰지 않는 학생들끼리는 흔치 않은 일이었다. 우리는 1951년에 앨럼 선생님의 크리켓팀 '기인들'에서 공동주장으로 함께 활약했다. 그는 공을 높게 던지는 '당나귀 투구' 같은 것을 놀랄 만큼 잘했다. 그는 앨럼 선생님의 친한 친구이자 애제자였는데, 선생님은 크리켓 경기시즌이 가까워지면 우리 둘을 바닷가에 있는 셰 모리스로 데려가 저녁을 사주시곤 했다. 우리는 1950년에 같이 럭비경기를 하기도 했다. 그는 태클을 할 때나 상대편 선수가 드리블하는 것을 막느라 공에 몸을 던질 때 용감무쌍했다."

존 펙(1946~51년 재학)은 이렇게 기억한다. "마이클과 나는 1946년

1월 9일에 같은 기숙사에 들어갔다. 우리는 곧 합창단에 들어갔다. 다이슨의 합창곡을 연습했고, 성당에서는 스탠퍼드의 성모 마리아 송가와 시편 성가들을 불렀다. 나는 악보를 잘 못 읽었던 반면, 마이클은 우리 학교에 오기 전에 뉴칼리지 옥스퍼드 예비학교 합창단에서 합창단장을 했을 만큼 뛰어났다. 최고 음역을 노래해야 하는 멘델스존의 「비둘기의 날개 위에」O for the Wings of a Dove에서 솔로를 맡아 음반을 녹음하기도 했다. 말할 것도 없이 그는 목소리가 좋았고, 악보를 빨리 읽었고, 우리 모두에게 영감을 줬다. 특히 내게는 그랬다. 우린 둘 다 테너를 맡아서 대부분 바로 옆에서 노래를 불렀다. 나중에는 주로 마드리갈이나 중창을 하는 '글리 클럽'을 만들기도 했는데, 앨럼 선생님도 거기 멤버였다. 1948년쯤 내가 프렌치호른을 시작했을 때 마이클은 유포니움을 불었다. 우리는 기숙사 오케스트라와 학교 오케스트라에서 같이 연주했다.

기숙사에서 마이클과 내 침대는 옆에 붙어 있었다. 그의 침대는 유리창 바로 아래 있었다. 유리창을 통해 들어온 거리의 불빛이 맞은편 벽면에 밝은 직사각형을 만들었다. 그는 손가락으로 그림자놀이를 하며 목소리를 넣어 이야기를 만들어 모두를 즐겁게 했다. 소박하지만 행복했던 기억이다.

럭비 경기장에서 그는 전혀 겁이 없었다. 지금도 그의 모습이 눈에 선하다. 돌격하려고 몸을 움츠리고, 무릎과 몸에는 온통 진흙을 묻히고, 상처 난 얼굴에는 피곤해 보이는 투지가 서려 있다. 웃음기는 없다. 그 모습은 내 머릿속에서 사라지지 않는다.

마이클은 고통을 느끼지 못했을까? 어느날 우리는 게임을 하면서 각자 새로운 도전을 해보도록 서로를 부추겼다. 마이클이 갑자기 자기가 고통을 얼마나 견디는지 시험해보겠다고 했다. 그는 면도칼을 가져와서 손등을 긋기 시작했다. 피가 줄줄 흘렀다. 그가 힘줄을 끊기 전에 멈추었기에 다행이었다. 그는 그 일을 하는 내내 침착하게 이야기를 계속했다. 자기의 첫번째 이름이 데이비드가 아니라 데즈먼드라고 했고, 우린 모두 야릇하게 도발적인 느낌을 받았다.

나는 이스트본을 떠난 후에 친구들과 연락이 끊겼다. 마이클이 죽었다는 소식은 1955년 런던역에서 동창을 만났을 때 듣게 되었다. 우리 대고모는 레딩에 살았는데, 호크리지 가족과 같은 교회를 다니고 있었다. 마이클의 부모님은 외아들을 잃고 실의에 빠져 살다가 몇년이 지나지 않아서 두분 다 돌아가셨다.

마이클의 이름은 학교의 전사자 추모벽에 기록되어 있다. 국립 수목원 전몰장병 추모벽 1952년 부분의 맨 위에도 그의 이름이 있다. 우리는 2년에 한번씩 거길 방문한다. 나는 이 섬세했던 젊은이를 생각한다. 그는 늘 친절했고, 좋은 친구였다. 그를 알았던 것은 내게 영광이고 행운이었다."

주: 2018년 5월에 한국에서 온 이향규 박사가 우리에게 연락을
해왔다. 그녀는 우리 학교 학생의 어머니이기도 하다. 그 연결고
리와 한국전에 참전한 영국군 병사에 대한 그녀의 관심 덕분에
마이클 호크리지의 이야기가 세상에 나왔다. 그녀가 마이클의
죽음에 관해 추가 자료를 제공해준 데 깊이 감사드린다. (『올드 이
스트보니언』 2018년호)

이 잡지에는 제가 이전까지 본 적 없었던, 제법 선명한 마이클
의 사진이 실렸습니다. 이번에 마이클의 기억을 모으면서 동창
중 한명이 기증한 사진인지, 아니면 학교가 새로 찾아낸 사진인
지는 알 수 없으나, 그의 얼굴을 또렷이 볼 수 있어서 반가웠습니
다. 럭비 유니폼을 입고 있는, 아직 앳된 얼굴입니다.

전사자의 얼굴

2018년 여름, 세상은 가마솥더위에 펄펄 끓었습니다. 한국의 많은 도시가 관측 이래 가장 높은 기온을 보였습니다. 홍천·대구·춘천 등 일부 도시는 최고기온이 섭씨 40도가 넘었고 서울도 39.6도까지 올라갔답니다.

영국도 많이 더워서 그룬디씨를 만나러 가는 날은 30도가 훨씬 넘었습니다. 영국에서 섭씨 30도가 넘어가는 것은 정말 이례적인 일입니다. 이 나라는 이런 더위를 겪어본 적이 없어서, 기온이 이렇게 올라가면 여러곳에서 탈이 납니다. 그중 하나가 교통입니다. 안전을 위해 기차는 서행합니다. 런던에서 출발한 기차가 맨체스터 부근에서 천천히 달려서 저는 약속시간보다 40분이나 늦게 도착했습니다. 늦는다는 것을 알리려고 그에게 여러차례 전화를 했는데 통화가 안되었습니다. 노인들은 약속시간보다 훨씬 일찍 와서 기다린다는 것을 알기 때문에 마음이 급해졌습니다.

한국 신문에 나온 사진을 보고 그의 얼굴은 알고 있었습니다. 멀찌감치 서 있었지만 그를 곧 알아보았습니다. 노인이 누군가를 기다릴 때는 그를 둘러싼 공기의 밀도가 달라지는 걸까요? 가만히 있는데도 바쁘게 지나는 사람들을 흐릿한 배경으로 만들어버리고 조용히 도드라지니 말입니다. 그에게 다가가니, 그도 저를 알아보고 다가왔습니다. 그렇게 만났습니다. 오래 기다리셨냐고, 기차가 연착했다고, 전화를 걸었는데 통화가 안되었다고, 미안하다고 사과를 하니, 괜찮다고, 바쁘게 나오느라고 전화기를 두고 왔다고, 나는 기차역에서 사람 기다리는 것을 좋아한다고 했습니다. 그는 예정된 제 도착시간보다도 한시간 전에 나와서 거의 두시간을 그렇게 서 있었습니다. 그가 앞장서 걷는데, 뒷짐 진 손에 들린 종이에는 '짐 그룬디'라고 크게 적혀 있었습니다.

기차역에서 에클즈로 가려면 트램을 타야 했습니다. 저는 이스트본에서 에클즈까지 가는 기차표를 끊어 갔기 때문에 표가 있었는데, 그룬디씨는 제 전차표를 사놓았습니다. 시내를 지나면서 맨체스터 유나이티드와 박지성 선수 이야기를 했습니다. 축구에 하나도 관심이 없으면서, 이럴 때는 왜 꼭 아는 척을 하고 싶은지요. 물론 박지성 선수에 대해서는 그룬디씨가 저보다 훨씬 더 많이 알고 있었고, 훨씬 더 자랑스러워하는 듯했지만 말입니다.

그가 사는 곳은 정류장 바로 앞에 있는 15층짜리 검은색 건물이었습니다. 입구에서 만나는 사람마다 서로 아는 체를 하는 것을 보니 다들 알고 지내는 사이인가봅니다. 그런데 모두 노인들이었고 어쩐지 생기가 없어 보였습니다. 그의 집은 침실 한개와 작은 거실, 작은 부엌, 화장실이 있는 열평 남짓한 곳이었습니다. 찬 음료를 마시며 이야기를 나누다가 점심을 먹으러 나갔습니다. 나가면서 그는 1층에 있는 관리실로 저를 데리고 가서 그곳에 있는 젊은이에게 "이 사람은 한국에서 나를 만나러 왔다"라고 소개했습니다. 젊은이가 심드렁해서 저는 안녕하시냐고 말한 다음 잠깐 어색해졌습니다.

우리가 간 곳은 흰 벽에 메뉴판 말고는 다른 장식이 없는, 철제 식탁과 의자가 놓인 단촐한 식당이었습니다. 열어놓은 유리문으로 더운 바람이 들어왔습니다. 단골집인지 그는 평소와 같은 걸로 달라고 했고, 저는 욕심껏 소시지·베이컨·계란·블랙푸딩·콩·토마토·버섯·감자를 다 담은 영국식 조찬을 시켰습니다. 밥을 먹으면서 마음이 편해져 말이 많아졌습니다. 그룬드씨의 맨체스터 악센트도 익숙해졌습니다.

집으로 돌아와서 자리 잡고 조용히 진행한 인터뷰에서 그가 들려준 이야기는 대체로 제가 이미 알고 있는 것과 크게 다르지 않

노인이 누군가를 기다릴 때는
그를 둘러싼 공기의 밀도가 달라지는 걸까?
가만히 있는데도
바쁘게 지나는 사람들을 흐릿한 배경으로 만들고
조용히 도드라지니 말이다.

았습니다. 그는 한국전에 참전한 장병의 80퍼센트는 병역의무를 져야 하는 의무징집병이었다고 이야기했고, 복무기간 안에 한국전에 참전하고 다시 집으로 돌아와야 하니 입대한 지 6개월이 안 된 신병들이 파병되었다고 했습니다.

"사정을 이야기하고 안 갈 수는 없었나요?"

"파병 명령을 받으면 가야 했어요. 그런데 사실 많은 사람들이 한국에 가기를 자원했죠. 한국전에 참전하면 모두 직업군인과 똑같은 월급을 받았거든요. 경제적으로 도움이 되었지요. 그것 말고도 그 당시에는 전쟁터에 가는 것이 뭔가 멋진 일이었어요. 지금은 이해하기 어렵겠지만, 그때는 아버지와 삼촌이 1, 2차대전에 나갔듯이 우리도 당연히 그렇게 해야 한다고 생각했습니다."

전쟁에 나가는 것이 경제적으로 도움이 되었기 때문에 가난한 청년들이 더 많이 참전했나봅니다. 맨체스터처럼 북부 잉글랜드 지방 청년들이 상대적으로 부유한 남쪽 지방 청년들보다 더 많이 한국에 왔던 것도 그 때문인가봅니다.

그가 한국에 대해 기억하는 것은 놀랍게도 '미소'였습니다.

"처음 부산에 갔을 때, 여자아이가 와서 우리에게 사과를 한 알 줬어요. 그애가 웃었는데, 지금도 그 기억이 생생해요. 전쟁통에 사람들 얼굴에 웃음이 있다는 것이 믿기 어려웠죠. 한국전쟁은 끔찍했습니다. 나는 한국에 갈 때는 소년이었는데 돌아올 때는 남자가 되었던 것 같아요. 그곳에서 보고 겪은 일들이 나를 그렇게 만들었죠. 그런 전쟁에서 한국사람들 얼굴에 미소가 있었던 것이 지금도 이해가 안됩니다."

그의 이 말에 어쩐지 저도 미소로 답해야 할 것 같아서 그렇게 하긴 했지만, 사실 믿기는 어려웠습니다. 한국사람 얼굴에 웃음기가 있다니요. 우리는 표정이 없기로 유명하지 않나요? 화난 얼굴 같다고 말하는 사람도 있고요. 이 외국 병사는 자신이 환영받는다는 느낌을 가지고 싶어서 사람들 얼굴에서 미소를 만들어낸 것은 아닐까 하는 의심도 했습니다. 그런데 한편에서는 궁금했습니다. 정말 그때 사람들은 지금보다 더 많이 웃었던 것은 아닐까요? 가난했지만 모든 게 단순해서, 감정도 솔직하게 드러낸 것은 아니었을까요? 하긴 아버지의 오래된 사진을 보면 보조개를 보이며 해사하게 웃으시던데, 그건 젊음 때문만은 아니었을지도 모르겠네요.

그가 했던 일은 이런 것이었습니다.

"전투 중에 부상자가 생기면 무조건 후송하지만, 전사자의 경우에는 얕게 묻고 표를 해놓은 다음에 일단 철수해요. 그 좌표를 가지고 나중에 우리 수습팀이 파견되지요. 한번은 전사자 세 사람의 시신을 수습하러 갔는데, 인식표가 뒤섞여 있었어요. 북한군은 종종 그렇게 인식표를 섞어놓거나 가져가버렸어요. 그러면 우리는 신원을 확인할 수가 없게 됩니다. 도대체 왜 그랬는지 이해할 수가 없습니다. 북한군은 자기 편 전사자가 생겨도 시신을 돌보지 않는 것 같았습니다. 들판에 버려두거나 구덩이에 한꺼번에 묻어버리기도 했습니다. 중국군은 우리처럼 시신수습팀이 와서 전사자들을 데리고 갔습니다."

구덩이에 한꺼번에 묻힌 시신의 이미지는 금방 떠올릴 수 있었습니다. 단지 제가 가진 이미지는 제주 4·3사건이나 한국전쟁 중 민간인 학살, 아니면 5·18광주민주화운동과 관련된 것이었습니다. 빨갱이로, 부역자로, 폭도로 몰린 이들의 목숨을 그리 잔인하게 빼앗고 아무렇게나 묻어버릴 수 있었던 것은 그들이 '우리 편'이 아니었기 때문이라고 생각했었습니다. 그런데 전쟁 중에는 같은 편의 목숨도 소용이 다한 후에는 그렇게 던져졌다고 생각하니 마음이 복잡해졌습니다. 적에 대한 잔인함을 키우면 모든 인간에 대한 연민을 잃게 되는지도 모르겠습니다. 그게 같은 편일지라도.

그리 생각이 들다가도, 한편에서는 전우를 그렇게 두고 간 이들을 변호해주고 싶은 마음도 일어났습니다. 퇴각 중인 북한군은 전사자의 유해를 챙길 만한 여력이 없었을 거라고, 들판에 두고 가거나 구덩이에 한꺼번에 묻었어도 그 상황에서 할 수 있는 예우는 갖췄을 거라고 말입니다. 그리 생각하고 싶었던 것은, 당시 북한군이라는 존재가 어디 다른 세계에서 온 악마 같은 게 아니라 격동의 시대에 전쟁에 휘말린 평범한 청년들이고, 아버지가 몇살만 더 많았어도 그리될 수 있었을 거라고 생각했기 때문입니다. 그 당시 한반도에 살았던 사람들에게는 이 전쟁에서 어느 편이 될지가 참으로 우연히 결정되었으니 말입니다.

우리 모두, 평생, 인간에 대한 예우를 잃지 않고 고귀하게 살 수 있다면 얼마나 좋을까요? 그러나 어떤 시대는, 어떤 사회는 그걸 그리 어렵게 만들었습니다. 이런저런 이야기를 나누다가 제가 물었습니다. 정말 궁금해서 물은 건지, 척박한 시대에 모질게 살 수밖에 없었던 이들을 어쭙잖게 대변하려고 한 건지는 모르겠습니다.

"이건 잔인하고 무례한 질문인데요, 어차피 죽은 사람인데 시신을 수습하는 게 뭐가 그리 중요하냐고 누군가 물어본다면 뭐라고 답하시겠어요?"

비겁하게 '누군가 물어본다면'이라고 물었습니다. 정작 자기가 궁금하면서 괜히 친구 이야기라며 고민을 털어놓듯이요.

"전장에 나간 병사들이 전투에서 승리하면 기쁜 것처럼, 우리에겐 시신을 수습하는 게 '빅토리'였습니다. 그건 전쟁터에 시신을 버려둔 북한군에 대한 우리의 빅토리였고, 아들을 전쟁터에서 잃은 어머니를 위한 빅토리였고, 우리가 마땅히 해야 할 일을 완수한 것에 대한 빅토리였습니다."

그의 대답에 뭐라 할 말이 생각나지 않아서 이것저것 다른 질문을 했고, 그는 이런저런 대답을 해주었습니다. 휴전 소식을 일본에서 들었을 때 그게 왜 평화조약The Peace Treaty이 아니라 정전협정Armistice Agreement인지 의아했다고, 남북정상회담을 봤는데 정말 좋은 출발이고 북한이 정상국가로 인정받으려 노력하는 게 보였다고, 특히 젊은 지도자와 그 누이동생의 노력이 인상적이었다고, 북한사람들도 남한사람들처럼 정말 영리한 것 같다고, 경제제재가 없으면 북한도 지금보다는 더 잘살 수 있을 거라고 했습니다. 매년 4월에 부산을 방문한다는 말을 하다 전사자의 사진 이야기가 나왔습니다.

"영국의 어떤 묘지에 가보면 묘비에 사진이 붙어 있습니다. 그곳에 묻힌 사람이 누구인지를 잘 보여주지요. 유엔기념공원에 묻힌 병사들 묘비에도 그렇게 사진을 붙인다고 해서 좋은 생각이라고 여겼습니다. 그런데 유엔군묘지에는 여러 다른 나라의 병사들이 함께 묻혀 있는데, 어떤 문화권에서는 죽은 이의 사진을 묘지에 놓는 것을 꺼려한다고 하더군요. 유엔기념공원 측에서는 개개인의 묘비가 아니라 전사자 추모벽을 만들어서 거기에 사진을 전시하자고 했습니다. 결과적으로 더 멋있게 되었습니다. 저는 영국군 전사자의 사진을 모으는 일을 자원했습니다. 2008년부터 시작했는데, 지금까지 거기 묻힌 880명 가운데 약 300명의 사진을 찾았습니다. 공원 측은 그들의 사진을 똑같은 규격으로 만들어서 추모벽을 훌륭하게 채우고 있습니다. 내 사촌의 사진도 거기 있습니다.

　처음에는 많은 사진을 짧은 시간 안에 모을 수 있었습니다. 지금은 조금 뜸해졌는데, 그래도 가끔씩 새로운 사진을 찾아 보냅니다. 아직 더 많은 이를 발굴해야 하고, 우리는 마지막까지 포기하지 않고 이 일을 계속할 겁니다. 처음에는 내가 이 일을 담당했었고, 지금은 브라이언 호프가 하고 있습니다.”

　“이야기를 들어보니 당신은 아직도 시신수습팀을 떠나지 않은 것 같군요. 전쟁터에서는 시신을, 지금은 사진을 찾고 있으니⋯ 아! 보여드릴 게 있어요. 어쩌면 오늘 한 사람을 더 찾을지도 모르겠네요. 혹시 이 사람의 사진도 그곳에 있나요?”

　“이 사람은 없어요. 나는 300명의 얼굴을 다 기억해요. 틀림없어요. 그래도 한번 명부에서 확인해볼게요.”

　“이 사람은 마이클 호크리지 소위예요.”

　“호크리지⋯ 이 사람 사진은 없네요.”

　그날 인터뷰는 마이클 사진 이야기가 나오면서 흐지부지 끝났습니다. 준비해간 질문이 더 있었는데 묻지 못했습니다. 전사자의 사진을 하나 더 발견한 것에 흥분해서 그는 당장 브라이언 호프Brian Hough 씨에게 전화를 걸었고, 저는 호프씨의 전화번호와 이메일 주소를 받아적다가 그만 우리가 차분히 앉아 인터뷰를 하고 있었다는 사실을 잊었습니다. 들뜬 기분이 조금 가라앉고 이제 그만 가야 할 시간도 되어서 그 자리를 마무리했습니다.

"전사자의 유해를 찾는 것이 '빅토리'였다는 말이 무슨 뜻인지 이제 알겠습니다. 저는 오늘 그걸 경험한 것 같아요. 유해를 찾아낸다는 것이, 전사자의 얼굴을 찾아준다는 것이 이런 느낌이군요. 오늘은 저도 수습팀에서 일했네요."

"우린 오늘 승리했어요. 그렇고말고요. 이건 당신의 첫번째 승리입니다. 이 느낌은 아마 평생 잊지 못할 겁니다. 당신은 우리 팀의 일원입니다."

그렇게 된 일입니다, 마이클의 사진이 그가 묻힌 곳에 가게 된 것이. 다음날 이스트본칼리지 아키비스트들에게 편지를 썼습니다. 이러저러한 설명을 한 후에 마이클의 사진을 이 일을 담당하는 브라이언 호프 씨와 짐 그룬디 씨에게 보내달라고 했습니다. 유엔기념공원에서는 사진 기증자를 기록해두는데, 이스트본칼리지에서 그의 사진을 보낸 것을 알면 마이클도 기뻐할 것이라고요. 그가 마지막에 다녔던 학교가 그를 지금까지 기억해주었으니 말입니다. 학교는 그의 사진을 두 사람에게 보내겠다고 했습니다. 지금쯤 마이클의 사진은 다른 풋풋한 젊은 병사들의 사진들과 함께 그곳에 있을 겁니다.

다음에 한국에 갈 때 부산에 가보려고 해요. 마이클의 묘를 찾아가서 학교 잡지에 실린 그에 대한 글도 읽어주고, 붉은 포피도

전사자의 유해를 찾는 일이
'빅토리'였다는 말이 무슨 뜻인지 이제 알겠다.
유해를 찾아낸다는 것,
전사자의 얼굴을 찾아낸다는 것이 이런 느낌이라니.
그날은 나도 시신수습팀에서 일한 셈이다.

놓아주려고요. 그가 불렀다는 노래 「비둘기의 날개 위에」도 들려줄까 합니다. 이 노래의 다른 제목은 '나의 기도를 들어주소서' Hear My Prayer입니다. 노랫말을 보니 이 곡은 아무래도 그의 기도인 듯싶습니다.

> 오, 비둘기의 날개가 있다면
> 멀리멀리 날아갈 수 있을 텐데
> 황량한 벌판에 둥지를 틀고
> 거기 머무르며 영원히 쉴 수 있을 텐데

> Oh, for the wings, for the wings of a dove
> Far away, far away would I rove
> In the wilderness build me a nest
> And remain there forever at rest

그가 왜 그리도 한국전쟁에 가고 싶어했는지 생각했습니다. 그는 황량한 벌판에서 영원히 쉬고 싶었나봅니다. 이 젊은이는 고단했나봅니다.

싸늘한 환영

영국군 참전군인을 찾는다고 여기저기 소문을 내고 다녔더니, 한국에 있는 친구가 이런 기사를 보내주었습니다. 검색에 밝은 그녀에게 고마웠습니다.

한국전 영국 참전용사 수기 우수작 발표되어

6·25전쟁에 참전했던 영국군 참전용사들 혹은 그 가족들의 수기 중 우수작품이 선정되어 발표되었다. 주영국 대한민국대사관 (대사 임성남)은 8월 20일 대사관 1층 대강당에서 한영수교 130주년 및 한국전쟁 휴전 60주년을 기념하여 (…) 한국전 참전용사(그 가족 포함) 수기 공모전에 응모한 작품 중에서 우수작이 선정되어

그 시상식을 개최했다.

영국군 참전용사들과 그 가족들이 응모한 50편의 에세이 중 최우수 작품 4편을 선정, 수상자와 그 가족 총 8명을 9월에 한국으로 초청하여 '한국의료(Medical Korea) 체험기회'를 제공하게 된다. (…)

이번에 선정된 최우수 작품상 수상자는 다음과 같다.

* 프레드릭 헐Fredrick Hull 님: 서포크Suffolk 거주

* 제프 다울링Geoff Dowling 님: 요크셔Yokshire 거주

* 에드워드 몬터규Edward Montague 님: 레스터셔Leicestershire 거주

* 데이비드 해먼드David Hammond 님: 이스트서식스East Sussex 거주

(『유로저널』 2013년 8월 21일자)

수상자 중 데이비드 해먼드 씨가 거주하는 이스트서식스는 제가 있는 지역입니다. 반가웠습니다. 만나보고 싶었습니다. 기사에는 그의 연락처가 없어서 인터넷으로 검색해보았습니다. 구글의 세계는 놀랍습니다. 그의 이름이 나온 짧은 기사를 찾았습니다. 오래전에 다른 일을 소개한 지역신문이었습니다. 당장 전화를 해보았지요. 전화를 하면서도 반신반의했습니다. 그사이에 전화번호가 바뀌었을 수도 있고, 무엇보다도 고령이니 돌아가셨을 수도 있겠다고 생각했습니다. 신호가 몇번 가고 어떤 남자가 받았습니다. 목소리가 젊어서 실망했습니다.

"여보세요, 혹시 데이비드 해먼드 씨와 통화할 수 있을까요?"
"접니다."

해먼드씨의 집을 찾은 것은 그로부터 한달쯤 지난 후였습니다. 그동안 처음 두번은 그와 통화를 했는데 나중에는 그의 딸과 연락했습니다. 그가 그렇게 하기를 원했습니다. 그는 약속을 잡거나 그것을 기억하는 일에 자신이 없어 보였습니다. 딸과 처음 통화했을 때 그녀는 아버지를 만나려는 사람이 대체 누구인지, 왜 만나고 싶어하는지를 자세히 물었습니다. 목소리에서 언뜻 경계심이 느껴졌습니다. 방문 날짜는 딸이 아버지를 만나러 오는 날로 잡았습니다.

그가 사는 벡스힐은 우리 집에서 차로 30분 정도 걸립니다. 그날은 토니와 같이 가기로 했습니다. 토니도 한국전쟁 참전군인을 찾는 일에 관심이 많았습니다. 그는 11월 11일 전몰장병기념일에 하는 행진에서 한국전쟁 참전군인이 행렬 맨 끝에 있는 것에 분개했습니다. 한국전쟁 참전용사협회 웹사이트 게시판에 사람들이 우리 아버지나 할아버지의 사연을 알고 있으면 연락해달라고 올려놓은 글을 읽고 슬퍼했습니다. 그 글에 아무도 답신을 하지 않는 것에 마음 아파했습니다. 그는 그런 게 다 이곳에서 한국전쟁이 '잊힌 전쟁'이라는 것을 방증한다고 생각했습니다. 그래서 해먼드씨를 만나는 것을 그도 몹시 기다렸습니다.

셰리를 한병 샀습니다. 셰리는 시아버지가 좋아하는 술입니다. 저는 시댁에서 보내는 일요일 점심이나 크리스마스 때 시아버지와 셰리를 마시곤 합니다. 제가 제일 좋아하는 시간입니다. 언젠가 일요일에 저는 그분께 드리려고 셰리를 한병 샀는데 그분은 저에게 주려고 같은 병을 준비해놓은 적도 있었습니다. 식탁 위에 나란히 놓인 '하비즈 브리스틀 크림' 파란색 병 두개를 보고 웃었습니다. 유쾌하고 따뜻한 기억입니다. 해먼드씨에게도 그 술을 한병 사드리기로 했습니다. 위스키처럼 독하지도, 와인처럼 흔하지도 않아서 노인에게 드리기에 무난한 선물 같았습니다.

방문 약속을 한 날, 일찌감치 출발했는데도 집 근처에서 길을 잘못 들어서 약속시간보다 조금 늦게 도착했습니다. 해먼드씨와 딸이 맞아주었습니다. 해먼드씨는 여든여덟의 나이 그대로 보였습니다. 얼굴 곳곳에 검은 반점이 있었습니다. 전화로 들었던 목소리가 너무 젊어서 그의 나이를 잊었었습니다. 딸의 이름은 수입니다. 수는 자그마한 체구였는데 청바지에 티셔츠를 입고 있어선지 활력이 느껴졌습니다. 처음에 전화에서 느낀 경계심은 찾아볼 수 없었습니다. 두 사람은 우리를 반갑게 맞아주었습니다.
집은 작고 소박했습니다. 노인이 사는 곳이 흔히 그렇듯이 오래된 물건들이 많아서 집 안이 더 작게 보였는지도 모르겠습니다. 우리는 뒷문으로 들어가서 부엌을 지나 응접실에 앉았습니다. 응접실 탁자에는 훈장, 오래된 사진들, 참전용사협회의 뉴스레터, 에세이 공모전에서 최우수상을 받은 글이 가지런히 놓여 있었습니다. 그날 두시간쯤 이야기를 나누었습니다.

"한국전쟁에는 어떻게 가게 되셨어요?"

"자원했죠. K병력K Force을 모집한다고 했을 때 많은 이들이 자원했어요. 참전하면 정규군과 똑같은 월급을 줬거든요. 그건 우리 같은 의무징집병이 받는 돈의 두배 가까이 되었어요. 나는 1950년 10월인가 부산에 도착했어요. 비가 정말 많이 왔고 몹시 추웠죠. 한국에는 22개월 동안 있었습니다. 나는 지프차를 모는 운전병이었어요. 겨울은 정말 추웠어요. 우리는 방한복이 없어서 평상시에 입는 영국군 군복을 입었죠. 그걸로는 영하 30, 40도가 되는 추위를 견딜 수 없었어요. 많은 병사들이 동상에 걸렸고 발가락을 자르기도 했습니다. 첫해는 정말 고생을 많이 했습니다. 다음해는 좀 나아졌지요."

"전쟁에 대해 특별히 기억나는 장면이 있으세요?"

"도착해서 얼마 안되었을 때, 이동 중이었는데 우리 차량 하나가 도랑 아래로 전복되었어요. 운전병은 내 친구였는데 사망했습니다. 내가 본 첫번째 전사자였습니다.

강에 수많은 시신들이 떠다니던 것도 기억납니다. 중국군의 시신이 임진강 상류에서 끊임없이 떠밀려왔습니다. 중국군의 수는 압도적이었는데, 그들은 변변한 무기도 없었습니다. 총은 대열의 선두에 있는 사람들만 가졌던 것 같습니다. 선두에 선 사람이 죽으면 그다음 사람들이 그 총을 집어들고 싸웠지요. 그들은 정말 많이 죽었습니다.

생생한 기억 중의 하나는, 피난민이 남으로 물밀듯이 몰려오고 나는 작전참모를 차에 태우고 북으로 가고 있었을 때입니다. 비가 많이 왔어요. 잠깐 쉬려고 차를 세웠습니다. 소변이 마려워 마침 가까이 있던 다리 아래로 내려갔어요. 그때 다리 밑에서 갓난아기의 시신을 봤어요. 태어나다가 죽었든지, 아니면 죽어서 태어난 아기 같았어요. 그 아기의 부모가 남한사람이었는지 북한사람이었는지는 모르겠습니다. 그냥 거기 버려져 있었어요. 나는 차에 가서 야전삽을 가지고 와서 그 아기를 다리 밑에 묻어주었습니다."

옆에서 딸이 말했습니다.

"아버지는 항상 그 아기 이야기를 해요. 그걸 왜 그렇게 오래 기억하는지 잘 모르겠어요. 떨쳐버리기가 어렵나봐요. 아버지는 그때 스무살이었는데 그 젊은이가 전쟁터에서 아기 시신을 묻어줘야겠다고 생각한 건 참 훌륭한 일이라고 생각해요."

예순살이 훨씬 넘은 딸은 아버지를 은근히 칭찬해주었습니다. 아버지는 딸의 칭찬에 기뻤는지, "그때도 사람들이 내게 좋은 일을 했다고 말했다"라며 수줍게 웃었습니다. 저도 그에게 고귀한 일을 했다고 칭찬해주었습니다. 진심으로 그렇게 생각했습니다. 그리고 어쩐지 그 아기를 묻어준 일이 그가 마지막까지 기억하는 전쟁의 모습이 될 것 같았습니다.

"전쟁에서 돌아왔을 때 사람들은 참전군인의 귀환을 환영해주었나요?"

"나는 리버풀항으로 들어왔어요. 헌병이 우리를 검열했습니다. 총기류를 다 반납했지요. 그가 내 소지품을 묻기에 담배 250개비가 있다고 했어요. 그때 담배 반입 한도는 개인당 200개비였습니다. 그는 내게 담배가 너무 많다고 반납하라고 했어요. 나는 이렇게 말했습니다.

'우리는 전쟁터에 2년 동안 있다가 지금 돌아온 거예요. 얼마 전까지도 전투 현장에 있었다고요! 그런데 담배 250개비도 못 가져간다고요?'

'전쟁? 어느 전쟁? 어디에 있었다는 거야?'

'한국전쟁에서 돌아오는 길이에요.'

'한국이 어디 있는데?'

…그게 내가 받은 환영이었습니다.

친구와 둘이 집으로 향했습니다. 우리는 리버풀에서 노팅엄을 거쳐 런던으로 왔습니다. 빅토리아역에서 남쪽으로 가는 기차를 타려고 기다리던 때였습니다. 헌병이 우리에게 다가왔습니다. 헌

1950년에 찍은 사진 속 해먼드씨는
가운데에 서서 희미하게 미소 짓고 있다.
어쩐지 갓난아기를 묻어준 일이
그가 마지막까지 기억하는 전쟁의 모습이 될 것 같았다.

병은 친구에게 복장이 불량하다며 야단치고 경고했습니다. 군복 단추를 맨 위까지 단정하게 잠그지 않았다고요. 그게 우리가 전쟁에서 돌아온 후 받은 환영이었습니다."

"저는 이곳에 와서 사람들이 한국전쟁을 '잊힌 전쟁'이라고 부른다는 것을 알았는데요, '잊힌 전쟁'이라는 말에 동의하시나요?"

"예, 그럼요!"

해먼드씨는 한마디로 잘라 말했지만, 수의 대답은 좀더 길었습니다.

"맞아요, 여기서는 잊힌 전쟁이에요. 한국정부는 영국군 참전 군인을 한국으로 초대하고 기억해주는데, 정작 군인들을 전쟁터로 보낸 영국정부는 이들을 잊은 것 같아요. 한국전쟁에 대해서는 학교에서도 가르치지 않습니다. 내 손자도 증조할아버지가 한국전쟁에서 싸웠다고 하면, 한국전쟁이 뭐냐고 물어요. 그거 제2차 세계대전 아니냐고 하더라고요. 학교에서는 1, 2차대전에 대해서만 가르쳐요. 그건 아주 자세히 가르치고 그 주제로 에세이도 엄청 많이 쓰게 하지요. 손자는 얼마 전에 프랑스와 벨기에에 현장학습도 다녀왔어요. 전적지도 가고 영국 장병들이 묻힌 묘지에 참배도 하고요. 한국전쟁은 그후에 일어난 일인데도 배우지 않습니다."

그녀의 이야기를 듣다가 문득 이런 생각이 들었습니다. 1, 2차대전에 대해서 학교에서 그렇게 가르칠 수 있는 것은 그것이 이미 '끝난 전쟁'이기 때문은 아닐까? 그리고 (적어도 2차대전은) 나치라는 절대악에 맞서 싸웠다는 명분이 있었기 때문은 아닐까? 연합군이 승리한 전쟁이어서가 아닐까? 그런데 아직 끝나지 않았거나, 명분이 애매하거나, 이기지 못한 전쟁이라면 학교에서는 무엇을 어떻게 가르칠 수 있을까? 그래서 그녀에게 물었습니다, 논쟁적인 전쟁을 학교에서 어떻게 가르칠 수 있겠느냐고요. 그녀의 대답은 간단했습니다.

"그럴수록 가르쳐야 하지 않을까요? 국가가 파병한 전쟁이므로, 그렇게 전쟁터에 나갔던 젊은이들이 결국 무엇을 위해 싸웠는지 우리가 토론하고 생각해야 하는 것 아닐까요? 가르치지 않으면 결국 역사에서 사라지니까요."

그다음에 수와 토니는 역사에서 잘 다루지 않는 전쟁에 대해 한참 동안 분개하며 이야기했습니다. 그들은 한국 이외에도 말라야·포틀랜드·아프가니스탄·이라크·시리아 등에 파병해놓고, 여러 정치적인 이유에서 그 전쟁과 거기서 싸운 장병들에 대해 침묵하는 영국정부를 성토했습니다. 참전군인들이 겪는 전쟁경험의 트라우마와 귀국 후의 혼란에 대해서도 이야기했습니다. 수는 심리상담 공부를 했다고 합니다. 그녀는 참전군인 중에 많은 이들이 그들이 겪은 일을 아무에게도 말하지 않는다면서, 그들이 왜 그러는지는 충분히 이해하지만 그것을 말하지 않고 마음속에 가둬둠으로써 본인과 가족이 얼마나 많은 불행을 겪는지에 대해 이야기했습니다. 많은 이들이 타인과 정상적인 관계를 맺는 데 실패하고 가정은 해체된다고 했습니다. 결국 알코올이나 약물에 중독되어 모든 것을 잃고 노숙자가 되는 경우도 적지 않다고 했습니다.

해먼드씨는 이야기 중에 "상관없어"(Never mind)라는 말을 여러 번 했습니다. 특히 전쟁에서 돌아온 후에 고국에서 느낀 섭섭함에 대해 말할 때 몇번이나 그 말을 썼습니다. 그런데 상관없다기에는 그가 겪은 희생이 너무 컸습니다.

그는 귀국 후 피부암 진단을 받았습니다. 처음에는 몰랐는데, 목 뒤에 응어리 같은 것이 생겼답니다. 조직검사 결과 암이었습니다. 의사는 직사광선에 과도하게 노출된 경험을 물었고, 그는 전쟁 중에 지붕 없는 지프차를 2년 동안 운전했던 것이 원인이라고 생각했습니다. 한국의 여름은 너무나 덥고 태양은 강렬했는데, 모자를 쓰면 답답해서 모자를 쓰지 않고 운전했답니다. 그는 오랫동안 항암치료를 받고 있습니다. 지금까지 오십여번에 걸친 수술과 시술을 받았고 아직도 치료 중입니다. 그가 잠깐 전화를 받으러 간 사이에 수가 목소리를 낮춰 말했습니다.

"지금도 레이저 시술 약속이 잡혀 있어요. 이젠 이런 치료를 계속해야 하나 하는 생각이 듭니다. 아버지가 더이상 고통을 겪지 않으면 좋겠습니다."

가야 할 시간이 되어서 다시 찾아뵙겠다고 하고 자리에서 일어났습니다. 그때 그가 머뭇거리며 물었습니다. 제 머릿속을 하얗게 만든 질문입니다.

"그런데 말입니다, 한국전쟁은 왜 시작된 겁니까? 그건 무엇을 위한 전쟁이었습니까?"

집으로 돌아오는 길 내내 그 질문이 머리에서 떠나지 않았습니다. 그건 이런 질문 같았습니다. '나는 대체 어떤 전쟁에 있었던 것입니까?'

집에 와서 해먼드씨가 쓴 에세이를 읽었습니다. 참전용사 수기 공모전에서 최우수상을 받아서 상으로 한국에도 다녀오게 해준 그 글입니다. 그가 해준 이야기가 잘 정리되어 있었습니다. 그가 왜 전쟁터에 갔고, 무엇을 겪었고, 그곳에서 돌아온 후에 무엇을 했는지가요. 그는 전쟁이 아직 끝나지 않았다는 것을 분명히 알고 있었습니다.

1949년, 열여덟살이 되어 군대에 갔다. 2차대전이 4년 전에 끝났기 때문에 나는 전쟁터에 나가는 일이 없기를 희망했다. 군대에 간 지 일년쯤 지난 후에 내게 'K' 임무를 지원할 선택권이 주어졌다. 나는 선택해야 했다, 일년 동안 함께 복무한 친구와 동료를 한국에 보내고 혼자 영국에 남을 것인지, 아니면 그들과 함께 한국에서 18개월을 더 복무할 것인지.

나는 제29여단과 함께 리버풀에서 출발해 한국으로 떠났다. 내가 겪게 될 일에 대해서 아무것도 몰랐다. 29여단에서 내 보직은 작전참모의 운전병이었다. 잔인한 태양 아래서 매일매일을 보내야 했다. 한국의 여름은 기온이 섭씨 40도까지 올라가고, 겨울에는 귀와 발에 온통 동상이 걸릴 만큼 춥다. 불행하게도, 지붕 없는 지프차에서 운전하느라 태양에 지나치게 오래 노출된 탓에 그후 예상치 않은 병을 얻었다. 나는 지금 피부암으로 고생하고 있다.

우리가 부산에 도착했을 때, 미군 밴드가 맞아주었다. 한국사람들은 우리를 환영하며 웃어주었다. 우리는 한국에 온 첫번째 영국 부대였다. 부산에서 우리는 트럭을 실은 화물선이 오기를 기다렸다. 폭우가 내렸다. 하늘에 구멍이 뚫린 것처럼 비가 퍼부을 때, 우리는 언덕에 있는 캠프에 텐트를 치던 중이었다. 그 비는 마치 몬순기의 폭우 같았다. 비는 언덕을 타고 격렬히 쏟아져 내렸고 홍수가 우리를 덮쳐서 진흙을 완전히 뒤집어썼다.

우리는 부산에서 북한 지역까지 한반도를 거의 종주했다. 행군을 시작한 이틀째에 트럭 한대가 길 밖으로 전복되었다. 도로

가 울퉁불퉁했기 때문이었다. 운전병은 사망했다. 이것이 우리가 목격한 첫번째 전사자였다. 우리는 종종 북한 지역에 가서 중국군에게 포위된 사람들을 구출하는 일을 했다. 내가 들은 바에 따르면, 중국군의 수는 우리의 27배나 된다고 했다. 상상할 수 없이 많은 병력이었다.

제29여단은 글로스터, 노섬벌랜드 그리고 로열 얼스터 라이플 3개 대대로 이루어져 있었다. 이중에서 글로스터 대대는 가장 많은 전사자를 냈다. 특히 며칠이나 계속된 임진강전투에서 많은 이가 희생되었다. 이 전투는 지금까지도 내 마음에 선명하다. 임진강에는 적군과 아군의 시신이 무수히 떠 있었다. 그건 양쪽 모두에게 아까운 생명의 손실이었다.

나는 이런 것들을 금방 알게 되었다. 내전의 어려운 점 중 하나는 상대가 어느 편인지를 혼동할 수 있다는 것이었다. 누가 우리 적인지를 구분하는 것이 점점 더 어렵게 되었다. 그것은 우리에게 닥칠 수 있는 위험이 매우 크다는 것을 의미했다. 피난민은 남쪽으로 홍수처럼 밀려들었다. 국경 근처의 남한사람들은 북한군과 중국군이 양쪽에서 압박하는 상황에서 살던 곳을 떠날 수밖에 없었다. 한번은 다리 밑에서, 죽은 아기를 봤다. 피난민이 두고 간 시신 같았다.

우리가 북을 향해서 갈 때, 남으로 내려오는 미군 탱크를 만난 적이 있다. 그들은 우리에게 이렇게 소리쳤다. "어이, 친구들! 거기 잘못 가는 거야. 곧 부산으로 다시 가고 싶을걸. 일본으로 돌아가고 싶을걸!"

영국으로 돌아온 후 나는 영광스럽게도, 한국전쟁 참전용사협회 헤이스팅즈 지부의 깃발을 들고 런던에서 열린 많은 퍼레이드에 참여했다. 참전군인을 대표해서 여왕을 만나고 이야기한 적도 있었다. 그건 내 생애 최고의 순간이었다. 우리 참전군인들이 이제 너무 연로해서 헤이스팅즈에 있는 협회를 해산할 수밖에 없었던 것은 매우 슬픈 일이다. 깃발은 평화를 위한 희생을 기념하며 교회 한편에 놓아두었다. 나는 요즘 랜싱에 있는 다른 지부에 나간다. 거긴 벡스힐의 우리 집에서 70킬로미터나 떨어진 곳이다.

나는 거의 30년 동안 헤이스팅즈 협회 일을 했다. 왜 그렇게 오랫동안 그 일을 했을까. 이 질문에 대해 오랫동안 생각해보았다. 내 결론은, 전쟁의 기억과 참전군인들의 용기는 잊히지 말아야 한다는 것이다. 최근에 '한국전쟁 참전용사협회'Korean War Veterans Association가 이름을 바꿔서 '한국 참전용사협회'Korean Veterans Association가 되었다고 한다. 이 이야기를 들었을 때 유감이었다. '전쟁'이라는 말을 빼다니. 그곳에서의 갈등과 긴장은 오늘날에도 계속되고 있는데 말이다.

데이비드 해먼드 이병, 22177135

가을: 아버지의 전쟁

일기

얼마 전에 린아가 영어문학 시간에 있었던 일을 이야기해주었습니다. 선생님이 학생들에게 물었답니다. "힘을 가진 종이는 어떤 게 있지?" 아이들이 저마다 말했습니다. 돈·여권·계약서·출생증명서·유언장·이혼서류·법원명령서·신문·기타 등등. 린아의 대답은 이랬습니다.

"일기장요."

"왜지?"

"일기는 시대를 담아두는 힘이 있는 것 같아요. 한 개인의 일상이지만 거기에는 그 시대도 같이 적혀 있는 거잖아요. 그래서 일기는 다음 세대 사람들이 그 시대 사람들의 삶을 이해하는 데 도움이 돼요. 우리 할아버지는 어릴 때 전쟁을 겪으면서 매일 일기를 쓰셨어요. 우리 엄마는 요즈음 할아버지의 일기장을 읽으며 전쟁에 대한 글을 쓰고 있어요."

사실입니다. 저는 가을이 되면서부터 아버지가 전쟁 때 쓰신 일기를 읽고 있습니다. 지금 린아는 일기 속 그 소년과 동갑입니다.

그날 선생님은 임티아즈 다커Imtiaz Dharker라는 파키스탄계 영국 시인의 「티슈」Tissue라는 시를 소개하려고 그 질문을 했다고 합니다. 그 시를 찾아보았습니다. 티슈라는 제목은 두개의 의미를 담고 있습니다. '여러겹으로 된 얇은 종이'라는 뜻과 '피부 조직'이라는 뜻이지요. 시인은 경전·족보·지도·설계도·영수증 같은 종이가 상징하는 종교·종족·국가·문명·소비 같은 것이 우리의 몸, 즉 우리 자신을 어떻게 만들어내는지 묘사했습니다. 이 시에 나오는 이런 표현들이 마음에 들었습니다. "세월과 손때로 얇아진"(thinned by age or touching), "매끄러워지고 어루만져지고 투명하게 비칠 만큼 얇아진"(smoothed and stroked / and thinned to be transparent), "햇빛도 통과시키는"(lets the light / shine through), "결국 당신의 피부가 된"(turned into your skin) 종이.

아버지 유품을 정리하면서 일기장은 제가 가졌습니다. 우리 남매는 남기신 물건 중에 각자 자기가 가지고 싶은 것을 골랐습니다. 정년퇴임하면서 받으신 황조근정훈장은 재호가 잘 챙겼습니다. 훈장에는 큼지막하게 '대통령 김대중'이라고 적혀 있었죠. 중앙에 붉은 잉크로 '대한민국' 관인이 찍혀 있긴 하지만 첫눈에 대통령의 이름부터 들어오는 까닭은 그 세글자가 훈장의 주인처럼 가장 굵고 크게 쓰였기 때문입니다. 아버지가 지지하지 않았던 대통령 이름이 거기 있는 것을 아쉬워하실 때마다, "아버지, 이건 대통령 개인이 주는 게 아니라 대한민국이 드리는 거잖아요"라고 위로했지만, 사실 저도 이 훈장이 마음에 들지는 않았습니다. 디자인 때문입니다. 제가 이걸 만들었다면 저는 훈장을 받는 사람의 이름을 대통령 이름보다 조금 더 크게 쓰거나, 적어도 같은 크기로 썼을 것 같습니다. 초등학교 상장에 상 받는 아이의 이름보다 교장선생님 이름을 네배나 더 크게 박아놓는다면 그건 얼마나 우스꽝스러운 일입니까. 그리고 저는 대통령 이름보다 대한민국이라는 글자를 더 눈에 띄게 디자인했을 겁니다.

둘째언니는 작은 손가방을 가졌습니다. 사은품으로 받았을 것 같은 평범한 가방이었는데 그게 아버지가 말년에 들고 다니신 거라고 했습니다. 자식들이 산지사방으로 흩어져 사는 바람에 아버지가 마지막에 어떤 옷을 입고 어떤 가방을 들었는지를 아는 사람은 둘째언니밖에 없었습니다. 그 가방은 지금 형부가 쓰고 있습니다. 일전에 형부가 그걸 들고 동네 도서관에 가는 것을 봤는데, 아버지 생각에 마음이 슬퍼졌습니다. 그리고 아버지가 그 소박한 가방을 들고 다닐 때 검소함을 넘어 초라해 보이지는 않았을까 속상한 마음이 들었습니다.

큰언니는 반짝이는 돌이 가운데에 박힌 펜던트를 가졌습니다. 여기저기 순례자처럼 사는 큰언니는 그것 하나 주머니에 넣어갔습니다. 언니와 형부가 파키스탄에 간다고 했을 때 아버지는 걱정이 태산이었는데, 걱정하지 않으셔도 될 것 같습니다. 언니와 형부는, 신앙은 제도가 아니라 마음에 있다고 믿으면서 그곳 사람들과 조화롭게 잘 사는 듯합니다. 언니가 파키스탄사람들 얼굴의 웃음에 대해 말할 때, 전쟁통에 한국사람들의 얼굴에 미소가 있었다는 그룬디씨의 말이 잠깐 생각났습니다.

장례를 다 치르고 돌아올 짐을 싸면서 아버지의 수첩 일기장을 서류봉투에 넣었습니다. 일기장 다섯권이 봉투 하나에 할랑하게 다 들어갔습니다. 출판사 로고가 왼쪽 위에 찍혀 있는 봉투입니다. 제 책이 출판되면 아버지가 서른권은 사주겠다고 하셨는데, 정작 책은 아버지가 떠나신 날 아침에 나왔습니다. 문상 온 편집자가 책을 들고 왔습니다. 그렇게 받았습니다. 표지에는 아무 설명 없이 '후아유'라고만 쓰여 있습니다. 이 물음은 아마 제 평생의 화두가 될 듯합니다. 아버지가 생각나는 날은 괜히 책 마지막 장에 찍힌 발행일을 확인합니다. 한동안 그럴 것 같습니다. 그건 아무래도 글을 쓰기 시작한 막내딸에게 보내는 아버지의 응원 같습니다. 말 없는 아버지답게 격려도 그렇게 하시나봅니다.
집에 돌아와서 일기장이 담긴 서류봉투를 반으로 접어서 종이상자에 넣었습니다. 그리고 그 종이상자를 부엌에 있는 책장 꼭대기 선반 위에 올려놓았습니다. 의자에 올라서서도 까치발을 해야 하는 높은 곳에 올려놓은 것은, 그때는 마음이, 그걸 읽을 준비가 아직 되지 않았기 때문입니다.

널뛰듯이 보냈던 봄과 여름이 다 지났습니다. 남북한 정상이 세번을 만나고, 싱가포르에서 북미정상회담까지 했는데도 종전선언은 이루어지지 않았습니다. 7월 27일에도 아무 일이 없었습니다. 그날 종전축하 잔치를 하겠다고 마음먹었던 것이 얼마나 허황된 일이었는지, 곧 평화가 올 것 같아서 설레던 것이 얼마나 순진한 바람이었는지… 한동안은 생각하기도 싫었습니다. 신이 나서 보던 뉴스는 점점 답답하고 지루해졌습니다. 아이들은 긴 여름방학이 끝나 다시 학교에 갔고, 저는 아이들 점심도시락을 싸주는 것 말고는 꼭 해야 하는 일이 없는 일상으로 돌아갔습니다.

왜 그날 그 일기장을 다시 꺼냈는지는 잘 모르겠습니다. 아무래도 그날도, 빨래를 널었는데 날씨가 좋았나봅니다. 아버지 생각이 제일 많이 날 때는 마당에 있을 때입니다. 그건 바람 때문입니다. 바람이 산들 불어 나뭇잎이 흔들리면, 아버지도 엄마도 가까이 계신 것 같습니다. 그러면 한참을 마당에 앉아 있게 됩니다.
빈 빨래통을 들고 들어와서 부엌 바닥에 놓고, 높은 책장 앞으로 의자를 끌었습니다. 의자에 올라서서 까치발을 들고 종이상자를 내렸습니다. 상자를 열고 접어놓은 서류봉투를 꺼냈습니다. 그 안에 있는 일기장들을 꺼냈습니다. 식탁 의자에 앉아서 읽기 시작했습니다. 깨알같이 작은 글씨로 단정하게 적은 일기를 읽다가 책상으로 갔습니다. 컴퓨터를 켰습니다. 타이핑하기 시작했습니다. 한자가 너무 많아서 이렇게 정리해두지 않으면 할아버지가 겪은 전쟁을 손주들은 읽지 못할 것 같았습니다.

언젠가 아버지가 말씀하신 적이 있습니다. "나는 평상시에는 메모를 했고, 힘이 들 때는 일기를 썼다"라고요. 전쟁 중에 쓴 일기가 두권, 전쟁이 끝난 후에 쓴 일기가 세권입니다. 아버지가 전쟁 중에 남긴 일기는 1950년 12월에 시작해서 1952년 2월에 끝났습니다. 어떤 때는 매일 썼고, 어떤 때는 가끔씩 썼습니다. 일기가 드문드문 쓰인 때에는 어떤 일이 있었는지 궁금하기도 했지만, 그냥 그즈음은 사는 게 견딜 만하셨나보다 하고 여겼습니다.

전쟁이 끝난 후에 1956년, 1958년, 1960년 일기가 남아 있는 것은 유독 그해가 힘들었기 때문인지, 아니면 오랜 시간이 지나면서 그 세권만 남겨진 때문인지는 모르겠습니다. 스물한살, 스물세살, 스물다섯살 청년의 일기입니다. 당시에는 제목이 인쇄된 일기장이 유행이었나봅니다. 1956년 일기장 앞에는 '희망일기(希望日記)', 1960년 일기장에는 '심경일기(心境日記)'라고 인쇄되어 있습니다. 그해 일기장을 살 때 이 글자가 박힌 것을 고른 데에는 이유가 있었겠죠. 1960년 한해는 특히 자신에게 정직하기로 작정한 사람처럼 부끄러운 속마음을 내비치는 글로 가득합니다. 결혼하기 전 인생 최대의 고뇌와 번민에 사로잡힌 청년의 심경이 이리도 고통스러운 것인지 몰랐습니다.

아버지와 엄마는 가난한 고학생 청년과 그가 입주 가정교사로 있던 집의 큰딸로 처음 만났습니다. 세상의 기준으로 보면 한편이 기우는 혼사임에 분명합니다. 심란하기로 따지면 엄마가 더했을 텐데 엄마는 고민이 그다지 깊지 않았던 것 같습니다. 이 연애는 엄마가 먼저 시작했지 싶습니다. 그 시절에 대학을 나와서 고등학교 교사로 일하던 엄마가 한집에 살면서 남동생을 가르치는 고학생 청년에게 사랑을 느낀 데에는, 청년의 성실하고 믿음직한 성품 못지않게 잘생긴 얼굴도 한몫했을 거라고 봅니다. 선이 굵고 씩씩한 엄마가 집안의 반대를 물리치고 선뜻 아버지를 선택한 것과 달리, 생각이 많고 섬세한 아버지는 오만가지 상념에 휩싸이셨네요. 과묵한 성격 탓에 남에게 말도 못하고, 그 속앓이를 일기장에 세세하게 적어놓으셨습니다. 복잡한 마음이 담긴 1960년 '심경일기'는 11월 30일에 끝납니다. 그리고 12월 5일, 두분은 결혼하셨습니다.

그후로 아버지는 다시는 일기를 쓰지 않으셨습니다. 힘든 일이 그후라고 왜 없었겠습니까? 혹시 그때 결심하신 건 아닌지요. 흔

들리는 개인이 아니라 믿음직한 가장으로 살기로 말입니다. 힘든 일이 있으면 일기를 쓰는 대신 엄마와 이야기를 하셨을까요? 저는 아버지 인생에서 가장 큰 행운은 엄마를 만난 것이라고 생각합니다. 엄마는 이 결혼이 세상의 기준으로는 '밑지는' 선택이었음에도 불구하고, 아버지를 엄마의 삶으로 끌어올리려 하지 않고 기꺼이 아버지의 삶으로 내려가서 나란히 걸으셨습니다. 아버지가 엄마의 마지막을 그렇게 보살피신 것은 한평생 엄마가 보여준 헌신에 대한 보답이었을지도 모르겠습니다.

아버지가 여든이 되던 해에 자서전을 쓰겠다고 하셨을 때, 제가 격려해드리지 못한 것은 죄송했기 때문입니다. "아버지 전기는 제가 써드릴게요"라고 어릴 적에 약속했던 것을 저는 까맣게 잊고 있었습니다. 아버지가 그 말을 상기시켜준 이후로, 저는 늘 갚을 빚을 외면하고 있는 기분이었습니다. 대학원에서 구술사를 공부한 후에 다른 노인들의 삶은 그렇게 열심히 듣고 기록해두었건만, 아버지 이야기를 듣는 것은 선뜻 시작할 수가 없었습니다. 아버지의 이야기를, 판단하지 않고 긴 시간 동안 들을 자신이 없었습니다. 저는 남에게만 관대합니다.

아버지는 꼬박 석달 동안 자서전 쓰는 일에 매달리셨습니다. 그때는 몰랐는데, 지금 생각해보니 그때 다시 일기를 쓰기 시작하신 것이었습니다. 내색하지 않으셨지만 그때가 몹시 힘든 시절이었다는 것을 우리 모두 알고 있습니다. 엄마가 병상에 누우신지 4년, 망연한 눈길로 아버지만 바라보는 엄마를 온전히 돌보셨던 그 시절, 밤사이 예닐곱번씩 깨는 엄마를 아버지는 끝까지 혼자 재우지 않으셨습니다. 엄마는 마지막 순간까지 아버지를 사랑하셨고, 아버지는 마지막 순간까지 남편의 책무를 다하셨습니다. 저는 그게 아버지의 사랑이었다고 생각합니다. 낮에 엄마가 소파에 누워 잠이 들면, 아버지는 엄마가 보이도록 방문을 열어두고 책상 앞에 앉아 글을 쓰셨습니다. 그 순간이 아버지가 숨 쉴 수 있는 시간이었다는 것을 압니다.

진솔한 자서전을 남겨주셔서 참 다행입니다. 생전에 여쭤보지 못한 많은 질문의 답이 거기 있었습니다. 왜 저는 평소에 아버지에 대해 궁금해하지 않았나 모르겠습니다. 남의 문제에는 오지랖 넓게 온갖 것을 물어보면서, 아버지께는 좀처럼 아무것도 묻지 않았습니다. 한 개인의 삶을 자세히 들여다보면 거기에는 여러겹의 생각과 여러결의 마음이 층층이 쌓여 있다는 것을 알았지만, 정작 나를 길러주신 분의 삶의 결을 찬찬히 들여다볼 생각은 하지 않았습니다. 아버지께 인색했던 것은, 제 마음속에 살던 심술궂은 어린아이가 한동안 떠나지 않고 있었기 때문일 겁니다.

저는 오랫동안 제 삶에 아버지가 없었다고 생각했습니다. 아들을 염원했던 아버지에게 세번째 딸이 뭐가 반가웠겠느냐고 자조

했던 시절이 너무 길었습니다. 역술가가 엄마에게 했다는 "셋째 딸은 유독 아버지와 멀어 고독하다"라는 말을 그대로 믿고 싶었던 것은 제 삶의 외로움을 누군가의 탓으로 돌리고 싶어서였습니다. 아버지가 미국에 갔다가 8개월 만에 돌아오신 다음날 제가 태어났죠. 태중에 있는 내내 아버지가 부재했던 것을 제 근원적 결핍의 증거로 삼았습니다. 국민학교 3학년 때, 유학 가셨던 아버지가 3년 만에 돌아오신 날, 저는 아버지 얼굴을 알아보지도 못했습니다. 어릴 때 찍은 사진에도 아버지는 거의 없습니다. 나중에 여쭤본 적이 있었지요. "우리가 같이 산 것이 맞아요?" 아버지가 허탈하게 웃으며 "그럼, 같이 살았지"라고 말씀하실 때는 그 대답의 진위를 의심했습니다.

살면서 알았습니다, 같이 산 기억이 없는 것은 아버지가 늘 늦게 들어오고 일찍 나가셨기 때문이라는 것을. 지하철은커녕 버스도 변변히 없던 시절, 왕십리에 있는 대학에서 수색동 우리 집까지 오가는 건 쉽지 않으셨을 겁니다. 통행금지에 걸릴 것 같으면 아예 실험실에서 밤을 새우셨겠죠. 아버지의 실험실에 한번 가본 기억이 있습니다. 공업화학과 실험실은 시약병과 네모반듯한 기계장비로 가득했습니다. 같이 밤을 새우고 싶지는 않은 냄새가 깊이 배어 있었습니다.

아버지와 같이 찍은 사진이 없는 것은 그걸 아버지가 찍어주셨기 때문이었습니다. 우리 아이들 사진 속에 제가 없는 것과 비슷하지요. 저는 아이들 사진을 볼 때마다 그걸 찍던 순간의 느낌과 그 장면을 왜 사진으로 남겨두고 싶었는지가 생각나는데, 아버지도 그러셨나요? 우리들 사진은 다 아버지 눈에 비친 모습이었습니다. 그 사진이 모두 슬라이드 필름으로 되어 있는 이유는 오래 보존하기 위해서라고 하셨죠. 어릴 적에 모두 한방에 모여서 환등기에 슬라이드 필름을 한장씩 넣어가며 사진을 봤던 기억이 있습니다. 안방의 얼룩진 벽면이 훌륭한 스크린이 되었습니다. 5분만 지나도 몸체가 뜨거워지는 환등기의 팬 소리가 요란했습니다. 깜깜한 방에 불빛을 쏘면, 우리 얼굴과 함께 따뜻한 먼지가 떠다녔습니다. 마지막으로 그 사진들을 같이 본 게 언제인지 모르겠습니다. 기억나지 않을 정도로 아주 오래전이라는 것만 확실합니다. 30년, 아니 40년은 족히 멈춰 있었던 환등기와 스무통이 넘는 사진 슬라이드는 모두 재호가 가져갔습니다. 다음에 만나면 손주들까지 모두 모여 같이 보겠습니다. 아버지 눈에 비친 우리들의 모습을요.

전쟁 때 쓰신 일기를 찬찬히 다시 읽습니다. 이제 그 또래의 아이를 키우는 저는 읽으면서 자꾸 일기 속 소년의 엄마가 되었습니다. 그래서 그 아이가 무얼 먹은 날은 안심이 되었습니다. "엿을 사 먹었다"라고 쓴 날은 잘했다고 칭찬해주었습니다.
아버지 살아 계실 때 찬찬히 읽어보았더라면 좋았을 걸 그랬습니다. 큰고모가 선임하사와 결혼한 것은 알겠는데, 작은고모에게 는 제가 모르는 애틋한 이야기가 있는 듯합니다. 소년이 기다렸 던 재우형이 누구인지, 왜 그를 그리도 기다렸는지 궁금한데, 이 제 아버지도 고모들도 다 안 계시니 물어볼 수도 없습니다. 부두 노동을 같이 했던 친구들은 그후에 어떻게 되었는지도 알 도리가 없습니다. 아버지가 어떻게 그곳을 벗어났는지, 그 경험이 아버 지 삶에 어떤 무늬를 남겨놓았는지는 아버지 자서전에 기대서 제 가 해석해보는 수밖에 없겠습니다.

아버지 이야기를 이제라도 판단하지 않고 읽게 되어 다행입니 다. 그게 지금 제가 이만큼 나이를 먹었기 때문인지, 아니면 아버 지를 떠나보낸 다음이기 때문인지는 모르겠습니다. 아니, 압니다. 부끄럽지만, 뒷모습을 본 후에야 화해하는 것, 그만큼이 제 그릇 입니다.

소년의 눈물

아버지가 고향을 떠난 것은 1950년 12월 10일이었습니다. 아버지 가슴에 평생 한으로 남은 날입니다. 이렇게 될 줄 알았으면 며칠 더 준비해서 온 가족이 다 같이 피난을 올 걸 그랬습니다. 그날 아버지는 큰고모, 작은고모와 함께 신포항을 떠났습니다. 큰고모는 스물두살, 작은고모는 열아홉살, 아버지는 열다섯살이었습니다. 열세살 먹은 철성 삼촌도 같이 떠났었다면, 아버지보다 더 명민했다는 삼촌도 공부를 해서 큰 인물이 되었을 겁니다. 할머니가 같이 계셨으면 무슨 일을 해서라도 자식들을 다 건사했을 겁니다. 할머니는 생활력이 강한 분이셨잖아요. 그 옛날에도 일본으로 훌쩍 떠나버린 남편을 하염없이 기다리는 대신, 두살 난 큰아이를 업고 관부연락선을 타신 분입니다. 어렵게 만난 남편과는 몇년 못 살고, 큰아들이 세살, 작은아들이 돌이 되기도 전에 과부가 되셨죠. 그래도 토오꾜오에서 혼자 고물상을 하시며 네 아이를 키우셨습니다. 토오꾜오 대공습으로 집이 전소되자 아이들을 데리고 고향으로 돌아오셨다고 했는데, 그런 분이 같이 피난을 떠났다면 이제 다 큰 자식들과 뭘들 못하셨겠습니까. 아버지는 그날을 훗날 자서전에 이렇게 썼습니다.

그때 북위 40도선에 원자탄을 터트린다는 소문이 파다하여 모두 인심이 흉흉하였다. 40도선에는 신포 앞바다에 있는 마양도가 걸리기 때문이었다. (…) 원자탄을 피하기 위해 피난길에 올랐다. 이때 북청읍에 사는 외사촌형수가 집에 와 있었다. 어머니, 동생, 형수를 뒤로 두고 1950년 12월 10일 낮 1시경에 두 누님과 나는 발동선을 타고 신포를 출발하였다. 어머니께 약 일주일 정도 있다가 돌아오겠다고 하였다. 그랬더니 어머니께서는 아버지가 계셨으면 다 같이 떠나자고 하였을 텐데 아들은 자기만 안다고 하셨다. 이 말은 내 평생 가슴에 새겨졌다.

그날 신포를 떠난 배는 홍원과 서호진을 거쳐 포항에 도착했습니다. 돌아오겠다고 약속한 일주일은 벌써 지났습니다. 일기는 포항에서 부산으로 향하는 길 위에서 시작합니다. 처음에는 짐 지고 걷는 이야기뿐입니다.

1950.12.31. 일. 맑음.

신포 자치위원회 직원 일동과 포항항을 떠나 구룡포항으로 출발. 오전 9시경에 출발하여 오후 5시경에 구룡포읍 병포2리에 도착했다. 작은누님은 같이 출발하지 못하였다. 무거운 짐을 지고 발이 부어 걷기 싫은 걸음을 걸었다. 집 생각이 나고 눈물이 난다.

1951.1.3. 수. 맑음.

오늘 아침 도보로 방어진까지 가겠다고 한다. 말만 들어도 울 것 같다. 2시경에 방어진을 향하여 출발하였다. 방어진에 가면 배가 있다 한다. 5시경에 모포에 도착. 경찰서에 들어보니 남으로 더 못 간다고 한다. 경찰서에서 집을 얻어주어 일행 열명은 밥을 해 먹었다. 철성이, 어머니 생각이 난다.

1951.1.5. 금. 맑음.

오전 8시에 출발. 양남지서에 들고 양남 국민방위군 대장이 회령사람이라 한 30분가량 놀고 이야기하고 떠났다. 60리 예정. 12시경 경남에 돌입. 10리쯤 걸어 정자경찰서에 들고 심사를 30분가량 받았다. (…) 방어진에 3시경에 도착. 많이도 걸었다. 무거운 짐을 지어줄 사람도 없다. 도착하니 오늘 1시경에 배는 부산에 떠났고 구룡포에서 떠나는 날에 배가 갔다. 참 분하다.

1951.1.4. 목. 맑음.

여인旅人에 맞추어 날씨는 참 좋다. 8시 30분에 출발. 발이 아픈 것도 불구하고 걷고 또 걸었다. 오늘은 80리 예정으로 걸었다. 누이는 천천히 걸어 참 답답하다. 감포지서에 들고 또 걸었다. 약 70리가량 오니 배가 고파서 걸을 수가 없다. 겨우 10리가량 왔다. 양남에서 5리 떨어진 농촌에 들었다. 참 인심이 박하다. 밥을 해 먹고 잤다.

1951.1.6. 토. 맑음.

발이 부어 죽을 지경이다.

포항항에서 구룡포항을 거쳐 울산 방어진항까지 한 100킬로미터를 걸었나봅니다. 아버지는 평발이라 평소에도 오래 걸으면 발이 쉬이 피로해졌는데 짐을 지고 이리 걸었으면 몹시 고통스러우셨겠습니다. 길도 험한데 신발인들 변변했겠습니까? 더욱이 그해 겨울은 유독 추웠다던데요. 이 말에 고단함이 묻어났습니다. "무거운 짐을 지어줄 사람도 없다." 그나마 방어진에서는 부산 가는 배를 탈 수 있었으니 다행입니다.

> 1951.1.8. 월. 맑음.
> 어제 오던 비가 그쳤다. 아침 9시경 부산행 배가 떠났다. 12시경에 아침을 먹었다. 36마력으로 참 늦다. 네번이나 고장이 났다. 오후 7시 반경에 도착. 배에서 잤다. 선장이 잘 대해준다. 항구에 들어올 때 꽃 속으로 들어오는 것 같다. 내일 아침 검사를 받고 내리기로 하였다. 재우형이 부산에 있는지?

"꽃 속으로 들어오는 것 같다"라고 한 것은 저녁 무렵 밝힌 항구의 불빛 때문이었겠죠. 그게 아름답게 보였던 것은 마음이 안도했기 때문이겠습니다. 재우형이 누구길래 그가 부산에 있기를 바랐나요?

1951.1.9. 화. 맑다가 비.

검사를 받고 피난민 집결소로 갔다. 모두 창고 안에 있다. 우리도 거기에 자리를 잡았다. 그릇 하나도 없다. (…) 네명으로 조를 짰다. 저녁을 안하고 고구마를 사 먹었다. 신포 사람이 우리를 불쌍하다 하여 떡국을 먹으러 갔다. 두그릇 먹었다. 연락소에 가서 잤다.

1951.1.10. 수. 맑음.

누이는 자유시장으로 가마 사러 갔다 어두워서 왔다. 보수동까지 갔다 한다. 5천원을 가지고 왔다. 가마를 사니 어두워서 밥을 해 먹었다. 오늘 또 한 사람이 우리 조에 들었다.

1951.1.11. 목. 맑음.

부산 수상경찰서에 가서 피난민 심사증을 타고 왔다. 전과를 보니 원주에 들어온 적을 격퇴했다고 한다.

"원주에 들어온 적을 격퇴했다"라는 건 부산에서 접한 소식이니, 이때 '적'은 확실히 북한군과 중국군이겠습니다. 그런데 아버지는 그때 누가 우리 편이고 누가 적인지 헷갈리시지는 않았나요? 아버지의 자서전을 읽다가 이 부분에서 멈춘 적이 있습니다. 글을 쓸 때 늘 정직했던 아버지는 전쟁 당시를 이렇게 회고하셨습니다.

1950년이 되었다. 우리 집이 철도 연변에 있어서 기차에 탱크, 야포 등을 싣고 남으로 수송하는 것을 매일 보았다. 그해 6월 25일에 전쟁이 났고 어린 마음에 '인민군이 세구나'라고 생각했다. 고급중학교 1학년 때 학교 민청에서 인민군에 지원하고자 해서 신포 내무서에 모두 갔었다. 나는 그때 나이가 적다고 해서 인민군에 입대하지 못하였다.

이 글의 앞부분 이야기는 들은 적이 있습니다. 아버지는 철없는 대학생들이 한국전쟁을 '북침'이라고 주장한다며, 전쟁 전에 북에서 남으로 매일 무기를 실어나르는 것을 "내 눈으로 똑똑히

봤다"라며 남침을 증언하셨죠. 그 말씀을 하실 때 제가 어쭙잖게 전쟁 전까지 끊임없이 반복되었던 삼팔선 부근에서의 교전 이야기를 하면서 남쪽도 충분히 도발할 수 있었다고 대꾸해서 말을 끊지 않았다면, 아버지는 이 뒷부분의 이야기도 해주셨을까요? 남으로 내려가는 탱크와 야포를 보고 무엇을 느꼈는지에 대해서요. 전쟁터에서 누구 편도 될 수 있었던 그 시절에 아버지의 북한군 입대가 받아들여지지 않아서 다행입니다. 그랬으면 아버지도 엄마도, 우리들의 삶도 다 달라졌을 겁니다.

  1951.1.14. 일. 맑음.
  추워서 일찍 깨었다. 밥을 해 먹으려는데 김상천이 와서 묵호선에 취직이 되었으니 빨리 선장한테 가보라고 한다. 소한과 대한 사이에 참 춥다. 이북 같다. 밥을 속히 해 먹고 가니 취직은 아직 모르겠다고 한다. 어두워지니 참 춥다. 묵호선에서 자기로 했는데 배가 없다. 통행금지 시간이 된다. 추운데 부두로 배 찾으러 몇번 다녔다. 얼어 죽을 것 같다. 할 수 없이 어떤 배로 들어가서 사정을 하니 마침 신포 배여서 들어갔다. 오늘은 배에서 잤다. 추울 때 눈물이 자꾸 나고 집 생각이 난다.

저는 이날이 유독 애처로웠습니다. 아버지도 그러셨나봅니다. 자서전에도 이날이 적혀 있습니다.

1월 14일에 누님과 함께 묵호선박에서 자기로 했다. 매우 추웠다. 자갈치시장 있는 데 묵호선을 댄다고 하기에 가보았더니 배는 없었다. 통금시간이 다가왔다. 할 수 없이 자갈치시장 안에 있는 여관에 들러 창고에서도 좋으니 하룻밤만 자게 해달라고 사정하였는데 안된다고 쫓아냈다. 잘 데가 없으면 그날 밤 얼어 죽을 것 같았다. 누님과 나는 아무 배에나 올라가 사정하니 마침 신포어업조합 배여서 선장실에서 재워주었다. '아버지가 계셨으면 이렇게 어렵지 않았을 텐데' 하고 생각하면서 혼자서 울었다.

그때 신포 배를 만나지 않았다면 두분은 정말 그날 동사했을지도 모릅니다. 그해 겨울, 얼어 죽은 이들이 그리 많았다는데 말입니다. 여관 주인이 쫓아냈을 때는 정말 막막했겠습니다. 그래도 세상에는 여관 주인 같은 이들만 있지 않은 게 참으로 다행입니다. 아버지 일기를 보면 야박한 사람도 있고 친절한 사람도 있습니다. 친절한 사람의 작은 도움이 사람을 살게 하는 것을 봅니다. 창고 문도 안 열어주는 사람과 선장실을 내준 사람, 저는 그 사이 어딘가에 있는 듯합니다.

아버지는 우리에게 이따금씩 "내게도 아버지가 있었으면 그렇게 고생하지 않았을 거다"라고 말씀하셨습니다. 그때는 솔직히 그 말이 듣기 싫었습니다. 그 말에 '너희는 내가 이렇게 도와주는

가을: 아버지의 전쟁 /// **141**

데 뭐가 힘들다는 거냐?'라는 힐책이 은근히 깔려 있다고 지레짐 작했습니다. 아버지가 '아버지 없는 설움'에 대해 말씀하실 때 저는 뭐라 대꾸할 말을 못 찾아서 아무 말도 안했습니다. 말은 안했지만 싫은 표정은 다 티가 났을 겁니다.

소년은 부두에서 일했습니다. 트럭과 탱크를 화차에 실으면서 움직이지 않게 와이어로 묶는 일이 제일 많았다고 했습니다.

어릴 적에 저는 아버지가 목수였다고 생각했습니다. 아버지가 그렇게 말씀하신 것 같기도 하고, 망치를 보고 제가 그렇게 여긴 것 같기도 합니다. 아버지는 그때 부두에서 썼던 망치를 아주 오랫동안 가지고 계셨습니다. 엄마가 "결혼할 때 아버지가 신혼살림으로 가져온 물건은 가위 하나와 망치 하나뿐이었다"라고 하신 적이 있었는데, 바로 그 망치입니다. 어릴 적 직접 우리 침대를 만들어주셨을 때도 그 망치로 못을 박았던 것이 기억납니다. 아끼셨던 그 망치는 굵은 나무 손잡이가 반질반질 윤이 났고, 망치 머리는 투박했습니다. 아버지 손과 잘 어울렸습니다.

부두노동 하던 시절의 일기는 매일매일이 비슷합니다. 일용직 노동은 12시간씩 2교대였습니다. 아침 일찍 부두에 나가서 그날 일하러 들어가기를 기다렸습니다. 아침에 뽑히지 못하면 밤에 다시 부두로 나갔습니다. 임금은 하루 낮일에 1,700원, 밤일에 2,700원 정도를 받았습니다. 나이가 어리고 키가 작아서 못 들어간 날도 있었고, 밤낮으로 들어가서 며칠을 일한 날도 있었습니다. 일기를 읽으면서 저는, 일하러 나갔는데 뽑히지 않은 날도 속상하고 36시간을 일했다는 날도 속상했습니다. 추위가 물러날 때쯤 소년은 드디어 재우형을 만났습니다.

1951.3.1. 목. 맑음.
오늘 아침 부두에 나갔는데 양키가 나를 빼놓아 못 들어가 기분이 나빠서 집에서 놀았다. 밤일을 할까 하여 3시경에 잤는데 그사이에 김재우 형이 부상당해서 찾아왔다. 참 반가웠다. 그런데 작은누이 소식은 없다고 한다. 단팥죽을 먹었다. 야간일 하러 갔다가 못하고 왔다. 재우형 말에 최중사가 전사하였다 한다. 그 말을 들을 때 참 슬펐다.

1951.3.6. 화. 비.
부두에 나가니 사람이 50명가량밖에 없다. 비는 자꾸 내린다. 들어가보니 일은 많고 비는 오고, 양키들은 하바하바 소리를 치며 때리기도 한다. 11시경 비는 그쳤다. 해는 나지 않고 춥다. 밤에 잘 때 작은누이 생각을 하여 가만히 이불 속에서 울었다.

1951.3.7. 수. 맑음.
오늘 일에 못 들어가 살베치에 들어가는데 석창이가 자기가 두곳에 이름을 적었으니 타 먹으라 하기에 그냥 원 클래스에 들어갔다. 11시경에 군화 한켤레를 신고 집으로 나왔다가 또 들어갔다. 12시경에 또 한켤레를 신고 돌아다녔다. 석창이가 네가 군화 두켤레나 먹었으니 임금은 자기가 가지겠다고 하여 800원짜리 껌 하나를 줬다. 철성에게 신을 한켤레 주었으면 하는 생각이 난다. 밤일 하러 갔다가 못했다.

1951.3.9. 금. 흐림.
부두에서 나와 반장에게 임금 2일분 3,400원을 받았다. 낮일 들어가자 하다가 못 들어가 그냥 집으로 왔다. 일기 수첩을 1,800원에 샀다. 고단하니 잤다.

일기 수첩이 1,800원이면, 하루치 일당을 다 줘야 살 수 있었네요. 아버지처럼 준법정신 투철하신 분이 군화를 두켤레나 몰래 가지고 나온 것을 보면 절박하게 필요했던 모양입니다. 철성 삼촌 것까지 챙겼으니 다시 만나야 하는 이유가 하나 더 보태졌겠습니다. 읽는데, '하바하바' 소리치고 때리는 고약한 '양키들' 때문에 화가 났습니다. 어리고 키 작은 소년에게는 그러지 않았기를 바랐는데.

1951.4.6. 금. 비.

오늘은 한식이다. 밥 먹고 부두에 나가니 이미 늦었다. 일 못하고 초계동으로 오니 학생들이 학교로 갈 시간이다. 학생을 보니 속상해 죽겠다. 집으로 와서 원광당서점으로 가서 독학할 중학 강의록을 1,800원에 샀다.

그때 아버지가 제일 부러워하신 것은 학생들이었습니다. 아버지 수첩에는 영어로 "I am a school boy"(나는 학생입니다)라는 문장이 적혀 있었습니다. 북한 학교에서는 러시아어를 배워서 영어는 부산에 온 후에 독학했다고 하셨는데, 이 말은 아버지가 처음 만들어본 문장 중 하나였겠습니다. 이때 심경은 자서전에도 적혀 있습니다.

낡은 중고 학생복을 사서 입었는데 겉이 헐어서 떨어지면 뒤집어서 입었다. 나는 부두노동을 하러 가는데 학생들은 서지 천으로 옷을 해 입고 등교하는 것을 보면 기분이 언짢아졌다. 나도 학생생활을 할 수 있을까 생각하니 기가 찼다. 허송세월만 하고 있으니 말이다. 그러나 어쩌랴, 목구멍이 포도청인 것을. 누님도 매촉지 등 미군 부대에서 노동을 하였다.

소년에게 말해주고 싶습니다. "조금만 더 견디렴, 그해 가을에 네 힘으로 학교에 가게 될 테니. 너는 평생 공부할 거고 가르치는 일을 하게 될 거야. 나중에는 너처럼 가난한 학생들이 공부할 수 있게 학비를 보태 도와주기도 한단다, 지금은 믿기지 않겠지만."

1951.4.10. 화. 흐림.
아침 부두로 나갔다. 날은 쌀쌀하다. Jacona 집 짓는 데에서 일을 했는데 양키가 아이들이 일을 안한다고 목공 사무실에 말을 해서 욕을 먹었다. 기분이 나빴다. 아침에 일하러 가니 양키가 고기에 감자를 넣은 것을 주어 많이 먹었다. 오후에 헌병 입초실과 MP실에 나무를 패주었다. 5시 반경에 사무실에 가니 왜 이리 오래 있었는가 욕을 하여 기분이 나빠서 죽을 지경이다. 일을 하지 말았으면 하는 생각까지 들었다. 임금 3일분 7,800원을 타서 집에 올 때 동필과 같이 300원을 빵 사 먹었다.

1951.4.21. 토. 맑음.
아침에 부두로 갔다. 방공호를 만드는 데에서 일했다. 밤에 또 15명 넣는 바람에 못 들어갔다. 집으로 그냥 와서 잤다. 저녁 Jacona에서 음식을 주는데 나만 안 주어 화가 나서 죽을 지경이다. 내가 그것을 안 먹어도 살 수가 있다. 안 먹어도 괜찮다.

'자코나'는 부산항에 정박해 있던 미군 발전선 'SS Jacona'를 말하는 건가봅니다. 찾아보니, 이 배는 길이가 121미터, 넓이가

16미터 되는 7천톤급 화물선으로 해상에서 전력을 공급할 수 있도록 발전시설을 갖추고 있다고 하네요. 1918년에 만들어져서 산업용 해상발전선으로 쓰이다가 1945년 2차대전 때 미 해군에 징발되었고, 1948년 5월에 북한에서 남한으로 송전을 중단하자 한국에 정박해서 전력을 공급했다고요. 이 배는 1960년대 말 오키나와에 정박했고, 1971년에 필리핀 바이어에게 팔렸다고 합니다. 아버지가 일하고 음식을 얻어먹었던 곳이 이 배가 맞는지, 그건 어떤 곳이었는지 아버지 살아 계실 때 좀더 여쭤볼 걸 그랬습니다. 저는 역사를 가까이에서 들으려 하지 않고 책에서만 배우려 했습니다.

1951.4.22. 일. 맑음
아침에 부두에 나가는데 반장이 빼놓는다. 들어갈 때 그냥 들어갔다. 화차에서 일했다. PW[전쟁포로]에게 서지 쓰봉[양복바지]을 하나 바꿔보자고 애를 썼다. 3시경에 방공호에서 서지 쓰봉을 8,000원에 바꿨다. 저녁밥 줄 때 나와, 남의 집에 맡겨놓았다. 저녁에 15명을 넣기에 빠져나왔다. 서지 쓰봉을 가지고 집으로 왔다. 기즈[흠]가 세곳 나 있다. 재우형이 왜 안 오는지?

1951.4.24. 화. 맑음
서지 쓰봉의 PW 글자를 벗기려고 더운물로 씻기도 하고 비누로도 씻고 휘발유로도 씻었지만 안 벗어진다. 재우형에게 편지를 썼는데 우체국에 가니 문을 잠가놓아 못 부치고 그냥 왔다. 올 때 엿 200원을 사 먹었다. 배구를 쳤다. 24시간 휴식으로 놀았다. 형님이 왜 안 오는지?

포로수용소에서 몰래 밖으로 나온 옷이 비싼 값에 팔렸나봅니다. 밤낮으로 48시간을 일해야 겨우 이 바지를 하나 살 수 있었습니다. 학생들이 입었던 서지천으로 된 바지, 아버지가 그렇게 부러워하셨던 옷입니다. 소년은 PW(Prisoner of War) 글자를 벗기려고 안간힘을 썼습니다. 나중에 아버지가 일하게 된 화학실험실에는 이 글자를 단번에 날려버리는 시약도 있었겠죠.

1951.4.30. 월. 맑음.
어제 밤에 주는 밥을 남겨두고 아침에 먹었다. 화차에서 일하였다. 잔소리가 많다. 아이들 일 안한다, 노는 사람 많다. 날이 더워 기운이 없다. 일하기가 싫다. 억지로 일했다. 더 일하자고 생각하였는데 일하기는 싫어 그냥 나왔다. 60시간, 즉 2일 반을 하였다. 고단하다. 집에 돌아와 밥 먹고 그냥 잤다.

1951.5.1. 화. 흐림.
오늘은 5월 1일이다. 5·1절 노동자의 날이다. 이북에 있으면 굉

장할 것이다. 나는 오늘 휴식이다. 범일탕에 가서 목욕을 했다.

노동절에 잘 쉬었습니다. 60시간 일했으면 족합니다.

1951.5.8. 화. 비 오다가 흐림.

아침에 눈을 뜨니 비가 부슬부슬 내린다. 밥 먹고 일 나가자 하니 7시 40분이다. 이미 늦었다. 저녁에 갈 것을 결정하고 낮은 놀았다. 저녁에 일찍 부두로 나갔다. 사람이 많이 들어와 일은 별로 하지 않았다. 방인근의 책 『악마』를 보았다. 임금 3일분을 탔다.

1951.5.10. 목. 맑다가 흐림.

오늘은 5개월 전 오늘이 회상된다. 집을 출발할 때 어머니, 철성, 형수가 연락선 다리에 나와 있었고 어머니가 마지막까지 거기에 계셨던 날 얼마나 눈물을 흘렸을까? 나는 부두로 나가려고 하다가 일 가기 싫어서 안 나가고 그냥 책을 보다가 잤다.

고향 떠난 날짜를 세고 계셨군요. 마음이 복잡했을 테니 일하러 가지 않은 것은 잘한 일입니다. 방인근의 책을 계속 읽었나요? 이 책은 탐정소설이라면서요. 줄거리를 찾아보니 그 나름 흥미진진합니다. 권선징악 교훈이 확실하고 무엇보다 해피엔드입니다. 소년이 슬픈 책을 읽지 않은 것만 해도 저는 좋았습니다.

나중에 제 큰고모부가 된 선임하사는 종종 아버지에게 책을 빌려주고 영화도 같이 보러 갔나봅니다. 일기를 읽다가 이 부분에서 소리 내서 웃었습니다. "저녁에 선임하사가 구경을 가자고 하여 「그 여자의 비밀」을 구경했는데 하나도 재미가 없었다. 2,000원에 영어책을 샀다." 이 소년은 제가 아는 아버지와 비슷하네요.

피난길에 헤어진 작은누이 때문에 늘 걱정이었는데, 이즈음에 드디어 작은누이가 부산에 찾아왔습니다. 그런데 누이와 재우형은 계속 길이 어긋납니다.

1951.5.12. 토. 맑음.
작은누이가 집에 와 있었다. 참 반가웠다. 내일은 일요일. 재우형이 올까?

1951.5.16. 수. 흐림.
부두에 나가려고 했는데 늦어서 안 갔다. 밤일 하려고 낮에 잤다. 작은누이는 영도에 갔다. 오늘 작은누이는 오지 않는다. 뽀루지가 또 난다. 감기에 걸려 골이 아프다. 자려고 누워 잠이 올락말락 할 때 밖에서 '주성' 하고 부르는 소리가 났다. 형님이 왔다.

우리 삶이 지금 이 모습이 된 것은 '그때 그랬더라면' 혹은 '그때 그렇지 않았더라면' 하고 가끔씩 상상해보는 과거의 어느순간이 우리가 알고 있는 대로 전개되었기 때문입니다. 아버지는 북한군이 될 수도 있었지만, 어쩌면 지금쯤 북유럽 어디에서 살고 있었을지도 모릅니다. 아버지가 그때 부산항에 정박해 있던 병원선에 취직했더라면 영리하고 성실한 이 소년은 후견인을 만나서 북유럽 어느 나라로 갔을지도 모르겠습니다. 그때 그렇게 되었더라면 우리의 삶도 다 달라졌을 겁니다. 아버지는 이 일을 자서전에 적으셨죠.

> 부두노동을 열심히 하였더니 사람들이 나를 착하게 보았던지 부두에 정박되어 있던 스웨덴 병원선에 하우스보이로 취직하지 않겠느냐고 해서 1차로 알선비를 주었다. 그후 아무 연락이 없어 그 사람을 찾아보았더니 어디 있는지 알 수 없었다. 그 가난한 아이한테도 돈을 뜯어먹는 사람이 있다는 것이 정말 기막힌 일이었다.

이번 여름에 그룬디씨와 인터뷰를 하고 나서, 저는 어쩌면 두 사람이 마주쳤을 수도 있겠다고 생각했습니다. 그룬디씨는 이런 말을 했습니다. "인식표가 없어서 신원을 확인하기 어려운 유해는 노르웨이 병원선으로 데려가기도 했어요. 거기에는 치과가 있어서 전사자의 치열을 확인할 수 있었거든요. 치과기록이 있는 경우 그렇게 해서 신원을 확인했습니다."

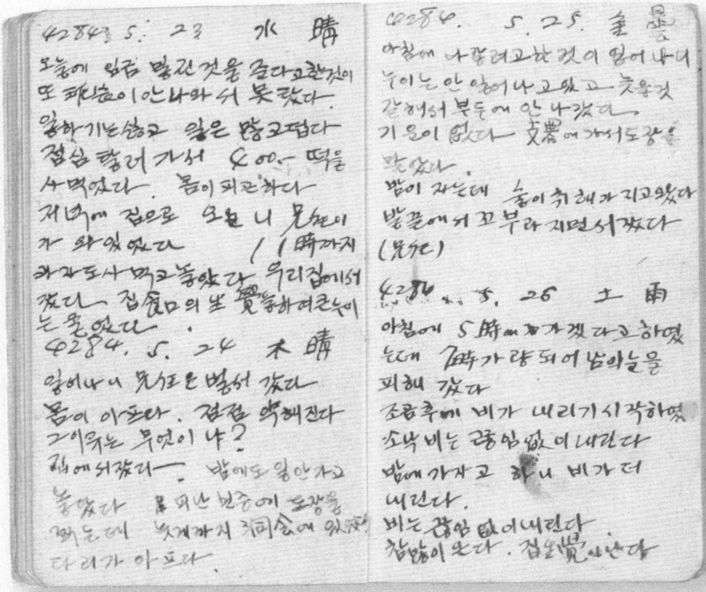

1951.5.23. 수. 맑음.

오늘은 임금 밀린 것을 준다고 한 것이 또 반장이 안 나와서 못 탔다. 일하기는 싫고 일은 많고 덥다. 점심 타러 가서 400원 떡을 사 먹었다. 몸이 피곤하다. 저녁에 집으로 오니 형님이 와 있었다. 11시까지 과자도 사 먹고 놀았다. 우리 집에서 잤다. 집 식구의 생각을 하여 큰누이는 울었다.

1951.5.25. 금. 비.

아침에 나가려고 한 것이 일어나니 누이는 안 일어나고 있고 늦을 것 같아서 부두에 안 나갔다. 기운이 없다. 지서에 가서 도장을 받았다. 밤에 자는데 형님이 술이 취해가지고 왔다. 발끝에서 꼬부라지면서 잤다.

한국전 당시 부산에 정박한 노르웨이 병원선과 스웨덴 병원선에 대해 알아보았습니다. 당시 병원선은 손에 꼽을 만큼 적었습니다. 미국 병원선이 대부분이었고, 북유럽 병원선은 덴마크 적십자병원선 유틀란디아Jutlandia호가 유일했습니다. 거기 노르웨이나 스웨덴 의사가 있었는지는 모르겠습니다. 유틀란디아호는 91명의 의료진을 갖추고 1951년 3월부터 1953년 8월까지 부산과 인천에 정박했다고 합니다. 거기에는 치과도 있었습니다. 그러니까 아버지도 그룬디씨도 적십자 마크를 달았던 이 덴마크 병원선을 말한 것입니다. 두 사람이 같은 시기에 같은 공간에 있으면서 같은 배를 알고 있었다고 하니 이런 상상을 하게 되었습니다. 아무래도 영화를 너무 많이 본 모양입니다.

1951년 여름 어느날, 병원선 사환이 되고 싶어서 배 주위를 맴도는 열여섯살 소년과 유해의 신원확인을 위해 병원선을 오르는 스무살 청년이 스쳐 지나갔을 수도 있겠습니다. 전쟁을 겪으며 어른이 되어가던 두 사람이 말입니다.

피부

1951.5.18. 금. 맑음.

우동에 밥을 넣고 먹었다. 화차에서 일을 했다. 코는 꽉 멘다.
일을 하기 싫다. 밤에 병식에게서 돈을 취해 600원에 밥 한그릇
사 먹었다. 골이 아파 오전부터 잤다. 감기가 떨어지지 않는다.

1951.5.19. 토. 맑음.

돈 200원을 한수에게 취해서 국 한그릇에 밥 먹었다. 11시쯤부
터 골이 아파난다. 사무실에서 자자니 양키가 아프다고 한 것을
불구하고 때린다. 눈물이 난다. 어머니 생각이 난다.

1951.6.18. 월. 맑음.

아침일 하러 갔다. 날은 무덥다. 밤일을 하였다. 일하는데 15명이 들어와 일하는 놈이 없다. 와이어 라이싱〔화물 고정작업〕을 하는데 밸 난다. 기분이 나빠서 천장에 올라가 잤다. 양키가 올라올까 겁이 났다.

아버지 일기를 읽으면서 궁금해진 게 있습니다. 아버지에게 미국은 어떤 존재였나요? 아파서 누워 있는데 일하라고 때리는 '양키'가 밉지 않았나요? 그들은 무서웠나요? 고기에 감자 넣은 것을 주는 그들이 고마웠나요? 내게만 음식을 안 줄 때는 화가 났나요? 그들이 가진 힘이 부러웠나요?

1966년 여름에 처음 미국에 가셨을 때는 어떤 마음이었나요? 미국 국제개발처Agency for International Development 지원을 받으려고 아버지는 매일 밤늦게까지 영어 공부를 하셨는데 보람이 있었습니다. 세살도 안된 아이 둘을 엄마에게 맡기고 떠난 것을 보면 정말 가고 싶으셨나봅니다. 아버지 없는 동안 언니 둘에 저까지 임신한 엄마가 겪은 고생도 이만저만이 아니었겠습니다. 아버지는 그때 미국의 풍요로움에 놀랐다고 하셨습니다. 그해 1인당 국민총소득을 보면 한국은 140달러, 미국은 4,190달러였습니다. 미국은 우리보다 대충 30배는 더 잘살았습니다. 아버지는 미국에서 특히 두가지가 부러웠다고 하셨죠. 버스에 난방이 되는 것과 언제든 먹을 수 있는 아이스크림, 그게 정말 신기했다고요. 그래서 그렇게 열심히 일하셨나요? 미국사람들처럼 잘살고 싶어서?

제가 미국에 처음 간 것은 1994년 여름입니다. 박사과정 때 논문자료를 수집하러 미국 국립문서기록관리청에 갔습니다. 거기에는 저 말고도 한국전쟁 중에 미군이 '노획'해간 문서를 보려고 온 한국인 연구자들이 여럿 있었습니다. 다들 문서 수백장 수천장을 부지런히 복사했습니다. 구내식당에서 우연히 만난 연구자와 이야기를 나누다가 "우리는 미군의 참전비용을 지금까지 복사비로 갚는다"라고 말하며 웃었습니다.

그 여름을 메릴랜드에서 보내면서 제가 부러웠던 것은 그들의 자유였습니다. 휴일에 공원에서 오케스트라 공연을 들으면서 와인을 마시는 사람들을 처음 봤을 때, 저는 마음이 불편해서 거기 오래 있기가 어려웠습니다. 그런 '가벼움'은 한번도 경험해보지 못한 것이라서 견딜 수가 없었습니다. 그래서 차라리 빨리 월요일이 되어 하루 종일 북한 자료를 읽고 복사를 하고 싶어졌습니다. 저의 무거움은 남들이 알아차릴 수 있을 정도였나봅니다. 다른 연구자가 나중에 말해주기를, 제가 복사하는 모습이 하도 비장해서 '조총련 연구자'인 줄 알았다고 했습니다.

1950, 60년대가 아버지의 피부에 심어놓은 것이 가난이라면 1970, 80년대가 제 피부에 새긴 것은 억압과 권위였나봅니다. 미국에서 우린 둘 다 그 살갗이 쏠려 아팠나봅니다.

1951.5.28. 월. 흐림.

아침에 포로들이 이북 노래를 부르는 소리에 깜짝 놀라 깨어
났다. 부두에 갔다. 선내에서 일했다.

포로들은 부산을 거쳐 거제도 포로수용소로 가는 중이었나봅
니다. 아침잠을 깨울 만큼 큰 소리로 북한 노래를 불렀다니, 기운
없이 걸어가는 패잔병이 아니었네요. 포로들은 당당했고, 북한이
부끄럽지 않았나봅니다. 그들은 나중에 남한이 북한보다 40배쯤
잘살게 될 줄은 꿈에도 생각지 못했을 겁니다.

그로부터 꽤 오랜 시간이 흐른 후에, 저는 남들 앞에서 자신이
산 세상을 비난하고 그 시간을 부끄럽게 여겨야 하는 이들을 만
난 적이 있습니다. '탈북자'라고 불리는 이들은 '이북 노래'를 부
르기는커녕 북한 말씨도 바꾸려고 애썼습니다. 이들 대부분은 패
잔병도 아닌데 풀이 죽어 있었습니다. 그래서 이 이야기가 더 기
억에 남는 모양입니다.

그녀는 교사였어요. 제 또래거나 좀더 젊었던 것 같기도 합니
다. 남이나 북이나 교사들은 체제에 잘 순응하고 고지식한 면이
있는 듯합니다. 북한에 살 때, 사는 게 힘들긴 했지만 그렇다고 조
국을 떠날 생각은 추호도 하지 않았답니다. 그러다가 남편이 정
치사건에 연루되었고 졸지에 야반도주하다시피 도강하게 됩니
다. 중국에 온 후에야 아직도 왼쪽 가슴에 김일성 배지를 달고 있

다는 것을 알아차렸습니다. 재빨리 떼어 주머니에 넣었습니다. 이걸 버려야 하는데, 어떻게 버려야 할지 난감했습니다. 쓰레기통에 아무렇게나 버리고 싶지는 않았습니다. 그녀는 배지를 비닐에 싸서 꽁꽁 묶었습니다. 혹시라도 물이 들어갈까 싶어서 한겹을 더 쌌습니다. 그리고 하수구에 버렸습니다. 그게 어디로 갈지는 모르지만 강으로 흘러간다면 좋겠다고 생각했습니다.

이 이야기를 들으면서 왠지 그녀의 마음을 이해할 수 있었습니다. 저라도 그랬을 것 같았습니다. 그건 지도자에 대한 충성심 때문이 아니라, 그렇게 충성을 다했던 자신의 삶에 대한 예의였겠지요. 그렇게라도 지난날을 애도해야 새로운 삶도 시작할 수 있지 않을까요? 세상이 바뀌었으니 하루아침에 다른 사람이 되기를 강요하는 폭력이 계속 존재하는 한, 이들은 겨우 이런 정도의 존중과 애도도 숨죽여서 해야 합니다. 일기장 속에 적혀 있는 전쟁포로들의 노랫소리에 제 마음도 복잡해졌습니다.

1951.6.13. 수. 맑음.

아침에 일했다. 중공 포로들이 많이 LSD[대형 상륙함]로 실려간다. 2층 짓는 데에서 일했다. 오후에 목공실에서 연기가 나자 상만, 종택이 옷에 불 붙어 뛰어나왔다. 휘발유가 옷에 묻어 불이 붙었다. 종택은 괜찮았는데 상만은 아래 반신은 다 타서 껍질이 벗겨졌다. 밤일을 했다.

1951.6.14. 목. 맑음.

아침 나가기 전에 선내에서 일하고 나왔다. 아침일을 했다. 2층을 짓는데 차차 완성된다. 정오에 한시간가량 잤다. 가끔 어머니, 철성 생각이 나고 사고가 일어나지 않았나 생각도 나고 아버지가 도와주겠지 하는 생각을 하면 한숨이 저절로 나온다.

1951.6.22. 금. 맑음.

저녁에 자려고 할 때 재우형이 왔다. 이야기를 하다가 좀 있으면 멀리 간다고 하며 한숨을 쉰다. 신문에 "21일 신포에 고성능 폭탄 70포 투하"라고 기재. 집 식구는 어떻게?

열여섯살 소년이 어려운 일이 있을 때마다 했던 기도는 "아버지가 도와주었으면"이었습니다. 미래에서 온 제가 알려드릴게요. 소년의 기도는 닿아서, 아버지는 늘 도와주셨습니다. 그래서 소년은 소한과 대한 사이에 길에서 얼어 죽지 않았고, 보고 싶어하던 작은누이와 재우형도 무사히 만났고, 옷에 묻은 휘발유에 불이 붙어 하반신이 타지도 않았습니다. 어머니와 남동생도 사고 없이 무사했을 겁니다. 폭격에도 *끄떡없었을* 겁니다.

1951.6.25. 월. 맑음.

오늘 일년 전 전쟁 폭발. 부두에 출근. 매우 덥다. 임금을 안 줘 집으로 왔다. 밖에서 놀며 집 생각을 하였다.

1951.6.26. 화. 맑음.
작은누이는 어제 오후에 집으로 왔고 재우형은 오지를 않는다. 오늘 아침에 일어나니 아랫배가 아파서 변소 출입이 다사하였다. 배는 상당히 아프다. 큰누이는 부두에 갔다. 작은누이는 영도 시장으로 갔다. 돌아와서 시장에 있는 사진관에 가서 사진을 찍었다. 떡을 사 먹고 돌아왔다. 약 구와노쩐 7알을 1,000원에 사왔다. 일찍 잤다.

전쟁이 난 지 일년, 의지했던 재우형님이 떠났습니다. 여기서 두달 동안 일기는 멈췄습니다. 다시 쓴 일기는 이렇습니다.

1951.8.31. 금.
오늘부터 대한방직협회 급사로 취직이 되었다. 요즘까지 앓고 큰 곤란을 받았다.

부두를 벗어나 급사로 취직한 것은 아버지 일생의 중요한 전환점 중 하나였습니다. 그 일은 이웃의 친절로부터 시작되었습니다. 일기가 놓친 이 두달 동안의 일을 자서전은 이렇게 기록하고 있습니다.

범일동의 피난민 창고에 있으면서 매일 부두노동을 하고 있었다. 당시 창고 밖에 있던 집에는 대한방직협회 과장인 김영호 씨가 살고 있었다. 김영호 씨는 창고 안에 나와 비슷한 아이들이 많이 있었는데도 내게 급사로 일해보지 않겠느냐고 했다. 그래서 이력서를 냈더니 취직되어 다음날부터 출근하게 되었다. 그날이 1951년 8월 31일이었다.

김영호 과장은 이 호의가 그후 소년의 인생에 얼마나 큰 변화를 만들어냈는지 상상도 못했을 겁니다. 그의 작은 친절로 아버지는 일용직 부두노동에서 벗어났고, 창고를 나왔으며, 학교에 갈 수 있었습니다. 학교에 가는 것도 격려받았다면 좋았겠는데, 그렇지는 못했습니다.

약 1개월 후에 방직협회는 부산 충무로 로터리 근처로 이사했다. 그때 서울의 일류 고등학교도 부산에 피난 나와 있던 시절이어서 입학금과 수업료가 있으면 입학할 수 있었으나 나는 야간고등학교를 택할 수밖에 없었다. 그때 새로 생긴 야간고등학교인 동아고등학교 입학시험이 있어 그곳에서 시험을 치렀다. 제일 약한 과목은 영어였으나 부두노동 때부터 공부를 하여 어느

정도 칠 수 있었다. 1학년에 입학하였다. 그때가 1951년 10월이었다. 조병훈 총무부장에게 야간학교를 다니게 해달라고 부탁하니 당시 상임이사인 이용희 전무에게 이야기를 해주겠다고 했다. 이야기를 하니, 협회 일이 많아 학교 다니는 것은 곤란하다고 하셨단다. 이용희 전무는 3·1운동 당시 33인의 민족지도자 가운데 한분의 아들로 당시에 서울대학교에서 강사를 하던 분인데 그런 말을 하니 참으로 서운했다. 그래도 학교가 충무로에 있어서 일이 끝난 후에 갔다. 직장과 학교가 가까웠지만 나는 늘 지각할 수밖에 없었다.

이용희 전무는 이 거절이 소년에게 얼마나 큰 상처가 되었는지 가늠하지 못했을 겁니다. 자서전에 이렇게 남기신 걸 보면 여든이 될 때까지도 그 상처는 다 아물지 않았나봅니다. 저라면 어떻게 했을까 생각했습니다. 할 일은 많은데 급사로 있는 아이가 저녁에 학교에 가겠다고 하면 선뜻 그러라고 했을까요? 자신이 없어서, 저는 이전무가 야속하긴 했지만 그를 비난할 수가 없었습니다. 제일 훌륭한 건 소년입니다. 주위에서 반대를 해도 끝까지 포기하지 않고 입학한 것, 잘했습니다!

방직협회에서 일한 후부터는 바빠졌기 때문인지, 사는 게 조금 수월해졌기 때문인지, 일기는 드문드문 썼고 한줄 메모로 변했습니다. 한달 후에 쓴 메모는 이렇네요.

1951.9.26. 수.

Swiss 17 jewels watch를 삼.

월급을 받았나봅니다. 시계를 사셨군요. 스위스 17석 손목시계, 꽤 비쌌겠습니다. 급사 월급을 20만원쯤 받은 것 같은데, 첫 월급을 다 털어넣으신 것은 아닌지요.

1952.1.16. 수. 맑음.

아침부터 난로가 말썽을 부려 난로 소오지〔청소〕를 함흥에서 온 영감과 같이 함. 하졸(下쭐)이라고 참 쓰라린 일이었다. 꼭 성공을 하여야 하겠다.

성공의 다짐이 비장합니다. 그 다짐이 아버지의 피부가 되었겠습니다. 결국 그 다짐을 이루셨습니다. 아버지는 자서전 제목을 '고난과 시련을 딛고 우뚝 서다'라고 붙이셨죠. 그때 저는 이 제목이 별로 마음에 들지 않았습니다. 사회과학 공부를 하다보니 자꾸 그 렌즈로 세상을 보게 됩니다. 그러면 어떤 현상이 더 잘 보일 때도 있지만 늘 그런 것은 아닙니다. 특히 마음을 읽는 데에는 실패하는 경우가 많습니다. 저는 당시에 이 제목이 업적을 남기고 싶어하는 '전형적인 남성 서사'를 드러낸다고 생각했습니다. 저는 그때 아버지의 글을 텍스트를 분석하는 연구자의 입장에서 읽고 판단했습니다.

이제 아버지의 마음을 들여다보는 딸의 입장에서 다시 보니 고난과 시련을 딛고 우뚝 서신 것, 맞습니다. 아버지 제자들의 말을 들으면 아버지가 공학 분야에서 이루어놓은 업적은 적지 않은 것 같습니다. 제가 증언할 수 있는 것은, 당신은 좋은 아버지였다는 것입니다. 늘 최선을 다하시는 모습은 자식들에게 모범이 되었습니다. 그리고 아버지는 형편이 좋아진 후에도 어려운 사람들을 결코 잊지 않으셨습니다. 그건 엄마도 마찬가지였는데, 두분의 그런 성품이 알게 모르게 제 피부에 남아 있다면 그것이야말로 두분이 남겨주신 가장 값진 유산일 겁니다.

아버지의 전쟁 중 일기는 이제 거의 끝나갑니다. 아버지의 피부 깊숙이에 무엇이 있는지 알 것 같습니다.

1952.1.17. 목. 맑음.
두 누님이 영도로 갔다. 오후에 머리가 아팠다. 영도에서 어머니와 철성에 대하여 점을 쳤는데, 어머니는 정신없는 사람처럼 있고, 철성은 매일 울고 있다는 말을 들었단다. 눈물이 난다.

1952.1.23. 수. 맑음.

집에 가니 떡을 쳐왔다. 피난에 와서 떡까지 해 먹는데 어머니
와 철성은 무슨 일을 하고 있는지.

언니가 그랬습니다. 아버지는 북에 두고 온 식구들 때문에 평
생 한번도 '힘들다'는 말씀을 하시지 못한 것 같다고요. 그분들은
더 힘들게 살고 있다고 생각해서였겠죠. 할머니와 철성 삼촌은
아버지가 평생 지고 온 마음의 짐이었습니다. 결국 끝까지 내려
놓지 못하셨습니다.
　아버지의 자서전은 이렇게 끝납니다.

　내가 세상을 떠난 후에 통일이 되면 나의 동생 철성(너희들의
작은아버지) 또는 너희들의 사촌을 무리 없는 범위 내에서 찾아
주었으면 좋겠다. 이 글의 마무리를 이것으로 끝낼까 한다.

2015년 3월 이정(泥淨) 이주성(李柱性)

브로슈어

아버지가 응급실에 혼자서 가셨다는 말에 당장 비행기표를 샀습니다. 전화 한통만 해도 둘째언니와 형부가 달려갔을 텐데 왜혼자 가셨나요? 제가 다음날 한국으로 간 것은 아버지의 위독함때문이 아니라 외로움 때문이었습니다. 그때만 해도 위독함은 잘알지 못했습니다. 그래도 히쓰로우공항에서 래글런 신부님에게문자를 보낸 것은, 위독함이든 외로움이든 기도가 도움이 될 것같았기 때문입니다. 인천공항에 도착해서 그의 답신을 읽었습니다. "당신과 아버지, 가족을 생각하고 기도합니다. 삶이 우리를 불확실한 상황으로 몰고 가더라도, 하느님은 언제나 그 길을 같이걸어가주십니다. 처음 가는 그 낯선 길을."

그후 40일 동안 우리는 정말 한번도 생각해보지 못했던 낯선 길을 걸었습니다.

　우연히 발견한 이 편지는 이날을 위해 마련해놓으신 거였나요? 이름·주민등록번호·주소를 적고 인감도장까지 찍은 짧은 글은 2012년에 작성된 것이었습니다. 엄마가 병상에 누우신 지 일년이 지난 즈음이었네요.

사전의료의향서

　나는 다음과 같은 의료의향서를 제출합니다.
　나는 소생 불확실한 생명연장을 위한 기구 사용을 절대로 원치 않습니다.
　의사선생님 부탁드립니다.
　본 의향서는 본인의 자필로 작성되었습니다.

　아버지가 인공호흡기에 숨을 의존하고 계실 때, 연명의료결정법(호스피스·완화의료 및 임종과정에 있는 환자의 연명의료 결정에 관한 법률)이 시행되었습니다. 그에 따라 환자 본인의 결정으로 심폐소생술이나 인공호흡기 착용, 혈액투석, 항암치료를 거부할 수 있게 되었습니다. 중환자실 앞 대기의자에 앉아 그 기사를 읽었습니다. 의사에게 보내는 아버지의 편지를 병원에 제출한 것도 그즈음입니다.

우리 모두 아버지가 단정하게 꼭꼭 눌러 쓴 이 편지를 얼마나 많이 읽었는지 모릅니다. 의료진도 몇번이나 회의를 하는 것 같았습니다. 그들은 이것이 '소생 불확실한 생명연장'인지를 논의했고 우리는 '아버지는 이 상황에서 무엇을 원하실까'를 고민했습니다. 아버지 친구분들이 다녀가셨습니다. 노인들은 "아까운 사람"이라고 말하면서도 벌써 작별인사를 하시는 것 같았습니다. 나중에 들어보니 그분들은 우리에게 이 말을 전하려 하셨답니다. '연명치료 하지 말고 편안히 보내드리라'고요.

의료진은 신중했습니다. 끝까지 최선을 다했습니다. 그리고 아버지의 결정을 존중해주었습니다. 아버지는 임종 순간에 아기동자처럼 웃으셨다고 합니다. 곁에 있었는데도 저는 그 예쁜 모습을 못 봤습니다. 그럴 줄 알았으면 눈을 뜨고 기도할 걸 그랬습니다. 아버지가 절대로 원치 않는다고, 의사선생님께 부탁드린다고 하셨던 '생명연장을 위한 기구 사용'은 거기까지였습니다.

중환자실 입원이 길어지자 우리는 아버지 삶을 기록한 인쇄물을 하나 만들기로 했습니다. 회복하시면 아버지께 드리고, 그러지 못하시면 조문객들께 드리려고 했습니다. 글은 제가 쓰고 사진작업은 아버지의 첫손자 민우가 맡았습니다. 표지에 실험실에 있는 젊은 과학자의 모습을 넣었습니다. 가장 할아버지다운 사진

같다며 민우가 골랐습니다. 안쪽에는 우리 가족이 어릴 적에 마당 등꽃 아래에서 찍은 사진을 넣었습니다. 엄마 아버지가 양옆에, 네 아이들이 그 사이에 있는데 누가 우스운 이야기를 했는지 다들 활짝 웃고 있습니다. 결혼 전에 두분이 같이 찍은 사진도 넣었습니다. 표정을 보니 이 젊은 남녀는 서로 사랑했네요. 아버지가 가지고 있는 가장 오래된 사진도 넣었습니다. 그건 할머니와 삼촌의 모습이 담긴 유일한 사진이기도 합니다. 소년이 고향집을 떠나면서 수첩 사이에 이 사진 한장을 끼워둔 건 정말 잘한 일입니다. 1941년, 아버지는 만 여섯살이고 교복을 입고 있습니다. 할머니는 기모노를, 철성 삼촌은 반바지 양복을 입고 있습니다. 이렇게 차려입고 사진관에 간 건 아버지의 소학교 입학을 기념하기 위한 것이었겠지요.

보호자 대기실에서 잠을 자려는데, 문자 알림음이 울렸습니다. 늦게까지 작업 중이던 민우가 사진을 보냈습니다.

"이모, 할아버지가 동생 손을 잡고 있어요."

오래된 사진의 구겨진 주름을 지우고 나니 여섯살 난 형이 네살 난 아우의 손을 꼭 잡고 있는 것이 보였습니다. 닦아야만 드러나고 자세히 봐야만 알 수 있는 것이었습니다.

민우는 사진들을 다 닦아놓고 물었습니다.

"브로슈어에 어떤 사진을 넣을까요? 원본 사진요, 아니면 복원한 사진요?"

저는 여전히 오래된 사진이 주는 세월의 무게에 더 마음이 끌렸습니다. 이제 노인이 된 한 사람의 긴 인생을 보여주는 것 같아서요.

"나는 그래도 원본이 더 좋을 것 같은데, 너는 어때?"

"둘 다 괜찮은데, 저는 할아버지가 어떤 것을 더 좋아하실지 생각해봤어요. 할아버지는 선명한 사진을 좋아하실 것 같아요. 그게 그분이 기억하고 있는 이미지일 것 같아서요."

그렇겠네요. 기억 속의 사진은 빛이 바래지 않겠네요. 그래서 세월을 지운 사진을 넣었습니다. 그랬더니, 그 시간이 다 현재가 되었습니다.

장례식에는 많은 분들이 와주셨습니다. 다들 브로슈어를 챙겨가셨어요. 못 온 사람에게 준다고 더 가져가신 분들도 계세요. 아버지가 일했던 대학의 총장도 여러장을 챙겨갔습니다. 아버지 친구분들은 우리에게 "참 잘했다"라고 하셨고, 제 또래 사람들은 자기 부모님께도 만들어드려야겠다고 했습니다. 다행입니다, 아버지 장례에 당신이 중심에 계셔서.

지인이 상을 당하여 문상을 가면, 저는 정작 돌아가신 분에 대해서는 아는 게 없다는 게 죄송스럽곤 했습니다. 고인에 대해 듣게 되더라도 마지막에 어떻게 돌아가셨는지에 대한 것일 뿐, 그

오래된 사진의 구겨진 주름을 지우고 나니
형이 아우의 손을 꼭 잡고 있는 것이 보였다.
기억 속의 사진은 빛이 바래지 않았다.
세월을 지운 사진을 넣었더니,
그 시간이 다 현재가 되었다.

분이 평생 어떻게 사셨는지에 대해서는 알기가 어려웠습니다. 그분들도 모두 삶의 가장 찬란한 순간이 있었을 텐데, 영정사진에서 그걸 찾기는 쉽지 않았습니다. 우리는 아버지의 '삶'을 기억하고 싶었습니다. 그래서 만들었습니다. 자랑하고 싶었어요, 이 소년이 얼마나 단단했는지, 이 청년이 얼마나 잘생겼는지, 이분이 얼마나 열심히 살았는지.

장례를 다 치르고 아버지를 돌보았던 의사와 간호사에게도 브로슈어를 한부씩 보내드렸습니다. 감사편지에 이렇게 썼습니다.

"저희 아버지를 아프고 병든 노인이 아니라 훌륭하게 삶을 살았던 건강한 분으로 다시 소개해드리고 싶습니다. 이분의 마지막을 존엄하게 보살펴주셔서 감사합니다."

겨울을 넘어: 기억과 참회

양귀비꽃

영국에서 11월 11일은 추모일Remembrance Day입니다. 영연방국가들과 미국, 프랑스 등 다른 많은 나라도 이날을 기념합니다. 우리로 치면 현충일입니다. 이날이 추모일이 된 것은 1918년 11월 11일 11시에 제1차 세계대전이 끝났기 때문입니다. 지금도 매년 이 시각이 되면 2분간 묵념을 합니다.

11월에는 '포피'라고 불리는 붉은 양귀비꽃을 어디서나 볼 수 있습니다. 사람들은 가슴에 포피를 달고, 자동차 앞 범퍼에 포피를 꽂습니다. 가게들도 진열대를 포피로 장식합니다. 저도 외투에 포피를 다는데, 그렇게 하면 저도 이 사회의 시민이 된 기분이 듭니다.

포피는 영국재향군인회The Royal British Legion가 만들고 판매합니다. 사람이 많이 다니는 곳에 포피 배지를 담은 상자와 기부금통을 놓아두면, 다들 알아서 돈을 내고 가지고 갑니다. 종이로 만든 것은 1, 2파운드, 금속으로 만든 것은 5파운드쯤 넣습니다. 나이든 분들은 직접 뜨개질이나 바느질을 해서 만든 꽃을 달기도 합니다. 일년 내내 포피를 달고 다니는 사람도 적지 않습니다.

양귀비꽃이 전사자의 상징이 된 것은 「플랑드르 들판에서」In Flanders Fields라는 시에서 유래합니다. 시를 쓴 사람은 캐나다 군의관 매크레John McCrae 중령입니다. 그는 1915년 5월 벨기에 플랑드르 들판에 전사한 친구를 묻었는데, 거기에 양귀비꽃이 만발했답니다. 시의 시작과 끝은 이렇습니다.

플랑드르 들판에는 양귀비꽃들 날리네
열 지어 늘어선 십자가들 사이로
(…)
플랑드르 들판에 양귀비꽃이 자라나도
우리는 잠들지 않으리

In Flanders fields the poppies blow
Between the crosses, row on row
(…)
We shall not sleep, though poppies grow

In Flanders fields

이곳에서는 '전쟁'이라고 하면 제1차 세계대전을 떠올리는 사람이 제일 많은 것 같습니다. 그게 처음에는 이상했습니다. 100년 전에 일어난 그 오래된 전쟁을 왜 그렇게 중요하게 기억하는지, 2차대전도 아니고 왜 하필이면 1차대전인지. 토니에게 물었습니다. 그건 1차대전이 사람들에게 준 충격 때문일 거라고 했습니다. 현대식 무기 개발로 과거의 전쟁과는 비교할 수 없는 대량살상이 벌어진 전쟁, 그전까지 다소 낭만적으로 생각했던 전쟁이 끔찍한 참호 속의 지옥임을 알게 된 전쟁, 정규군으로 시작했으나 중간에 징병제가 실시되어 모든 젊은이가 전쟁터로 나가야 했던 전쟁, 국가간동맹 때문에 뛰어들어서 별다른 명분도 없었던 전쟁, 그래서 1차대전이야말로 전쟁의 비극을 가장 잘 보여주기 때문일 거라고요.

11월 11일이 추모일이 된 것은 전쟁이 끝난 다음해인 1919년부터라고 합니다. 저는 처음에 '추모일'이라는 말을 들었을 때 뭔가 빠진 느낌이었습니다. '무엇을' 추모한다는 내용이 없어서 그랬나봅니다. 현충일에는 '충忠' 자가 들어 있어서인지 저는 묵념을 할 때도 자꾸 국가에 대한 충성이 떠올랐는데, '추모'라는 말에는 그저 기억하는 행위만 있었습니다. 여기 사람들은 무엇을 추모하는지 궁금해졌습니다. 전사자의 충성, 애국심, 희생, 용맹,

헌신, 아니면 얼과 넋 같은 말을 찾으려 했던 것 같습니다. 사람들에게 묻기도 했습니다. 당신은 무엇을 기억하냐고요. 대답은 다 달랐고, 가장 많은 답은 그저 '그들'을 기억한다는 것이었습니다. 도돌이표에 걸려 제자리로 돌아온 기분이었습니다.

우문이었습니다. 무얼 기억할지는 기억하는 사람의 몫인 것을, 모든 사람들이 '기억해야 하는' 정답 같은 것을 찾고 있었으니 말입니다. 지난해부터 저는 포피를 달면서 한국전쟁 참전군인을 기억합니다. 청년 마이클을 추모하고, 그룬디씨와 해먼드씨를 생각합니다. 그 끝에 부두에서 일하는 소년도 따라옵니다. 앞으로도 그럴 것 같습니다.

전사자를 추모하는 상징이 무덤가에 핀 붉은 양귀비꽃인 것이 마음에 듭니다. 거기에는 '국가'의 그림자가 드리워 있지 않아서 좋습니다. 가슴에 다는 것이 영국 국기 유니언잭이나 국화인 붉은 장미 같은 것이었다면 전쟁이 목숨을 앗아간 한 사람을 온전히 개인으로 기억하는 것을 어렵게 했을지 모릅니다. 제가 그걸 달고 한국전쟁을 추모하는 것은 아무래도 어색합니다. 아니, 그랬더라면 아마 저는 11월이 되어도 그걸 가슴에 달 생각을 하지 않았겠지요.

이스트본 시청에서 열린 그 전시는 우연히 보게 되었습니다. 11월 11일 일요일, 저녁미사를 드리러 성당에 가는 길이었습니다. 이즈음은 초저녁부터 캄캄해서 저녁에는 좀처럼 밖에 나가지 않는데, 그날은 하루 종일 다른 일을 하다가 그제야 시간이 났습니다. 제가 다니는 성당은 시청 맞은편에 있습니다. 시청이라고 해봤자 그리 크지 않은 3층짜리 건물입니다. 그 앞을 지나는데 행인 열댓명쯤이 멈춰 서서 무엇인가를 보고 있었습니다. 2층 창문이 불빛으로 어른거렸습니다. 저는 처음에 건물 안에서 불이 난 줄 알았습니다. 자세히 보니 유리창에 비친 영상이었습니다. 창모양을 따라 세로로 긴 스크린이 여섯개 있고, 그 위로 군복을 입은 젊은이들의 얼굴, 포피 그리고 전사자의 이름이 투영되었습니다. 그날이 추모일이라는 것이 그제야 생각났습니다. 그것도 종전 100주년이었습니다. 100년도 더 된 사진 속 병사들의 모습이 어둠 속에서 철컥철컥 천천히 나타났다 사라지는데 마치 그들의 영혼 같았습니다.

그날은 영국의 모든 교회가 전사자를 위해 기도합니다. 저녁미사도 그랬습니다. 끝나고 성당에서 나와 집에 가려는데 시청 안으로 사람이 들어가는 것이 보였습니다. 가까이 가보니 입구에 "제1차 세계대전 종전 100주년 기념전시"라고 쓰인 입간판이 있었습니다. '헤리티지 이스트본'이라는 시 소속 문화단체가 주관하는 전시였습니다. 입구에 서 있는 수위 아저씨에게 물었습니다.

"전시를 몇시까지 하나요?"

"7시까지입니다. 오늘이 마지막 날이에요."

7시 5분 전이었습니다. 2층의 번쩍이는 불빛은 이미 꺼졌습니다.

"지금도 들어갈 수 있나요?"

"그럼요. 오신 분들이 다 보고 나갈 때까지 기다릴 테니 천천히 보세요."

전시는 소박하기 이를 데 없었습니다. 1층 복도 한편에 입간판을 서른개쯤 세우고 부분조명을 비춰놓았습니다. 입간판에는 붉은 포피를 배경으로 전사자의 사진과 설명이 적혀 있었습니다. 이름, 주소, 생몰일 그리고 그가 어떤 사람이었는지, 어떻게 전사했는지에 대해 볼 수 있었습니다. 그가 살았던 집 주소를 크게 써놓아서 이 마을 사람이라는 것을 한눈에 알게 했습니다. 제가 아는 거리의 이름을 보니 반가웠습니다. 그 거리에 살았던 사람이라니, 남이 아닌 것 같았습니다. 사연들을 읽다가 가슴이 쿵 떨어졌습니다. '윌리엄 제임스 브록웰, 허스트로드 79번지,' 우리 앞집입니다.

마지막으로 나오는 제게 수위 아저씨가 말을 걸었습니다.

"충분히 보셨나요?"

"네, 감사합니다. 잘 봤어요. 전사자 중에는 우리 앞집에 살았던 사람도 있네요."

그가 물었습니다.

"집 앞에 붙은 표지도 봤나요?"

"아니요, 뭐가 있는데요?"

"전사자의 집 앞 보도에도 붉은 표지가 있습니다. 그건 한달 동안 전시될 거예요."

"가면서 살펴볼게요. 고맙습니다."

돌아올 때는 길 건너편으로 걸어왔습니다. 과연 79번지 앞 보도에 붉은색 플라스틱판이 붙어 있었습니다. 포피가 만발한 그림을 배경으로 그의 사진과 함께 이런 글이 적혀 있었습니다.

윌리엄 제임스 브록웰

허스트로드 79번지, 1880~1914

윌리엄 제임스 브록웰은 1880년 9월 10일 이스트본에서 노동자의 아들로 태어났다. 그의 아버지 찰스 브록웰은 미들섹스의 해로우 윌드 출신이고, 어머니 엘리자베스는 이스트본에서 태어났다. 윌리엄은 남자형제가 셋, 누이가 한명 있었다. 부친이 사망하자 어머니와 남동생 둘과 함께 허스트로드 79번지로 이사했다.

윌리엄은 1904년 7월 21일에 5+7년간 복무하기로 하고 해군에 들어갔다. 그는 키가 5피트 75인치(약 175센티미터)였고 갈색 머리와 파란 눈, 싱그러운 피부를 가졌었다. 복무 중 첫 5년간 미장공으로 일했다. 1909년에 그는 마지막 7년을 더 복무할 것을 결정했고 그후 화부로 일했다.

그는 1914년 9월 22일에 북해에서 어뢰 공격으로 전사했다. 이 사고로 목숨을 잃은 수병 1,459명 중 한명이다.

제1차 세계대전이 발발하고 두달도 안된 일입니다. 이 사고는 영국 군함 세척이 독일 잠수함 유보트의 매복에 걸려 침몰한 것으로 전쟁 초기 영국 해군의 명성에 큰 오명을 남긴 패배라고 합니다. 영국 남쪽 바닷가마을 이스트본에서 태어나 자란 청년이 북해에서 어뢰를 맞고 사망하다니, 그 먼 곳에서 그렇게 죽을 줄 누가 알았겠습니까. 그가 1909년에 계약을 갱신하지 않았다면 그렇게 죽진 않았겠죠. 그러나 어쩌겠습니까. 매순간의 선택이 어떤 삶 혹은 어떤 죽음으로 이어질지 아는 사람이 누가 있겠습니까.

이 사연을 알고 난 뒤부터 79번지 집을 볼 때 느낌이 달라졌습니다. 제게 이 집은 허스트로드에 있는 여느 집들과 다른 '그 집'이 되었습니다. 바로 이 집에서 살았던 사람이 1차대전에서 전사했다는 것, 이 집으로 전사통지가 왔다는 것, 이 집에 살았던 어머니와 동생들이 슬픔에 잠겼다는 것, 이 집이 내가 사는 거리에 있다는 것, 그게 100년도 더 전에 일어난 전쟁을 제 곁으로 불러왔습니다. 그날 이후, 포피 사진이 배경으로 있는 붉은 플라스틱판이 거리 곳곳에서 눈에 들어왔습니다. 그 시대에는 이 집도 저 집도 다 슬픔에 잠겼었겠구나 생각했습니다. 이 작은 도시에서만 1,257명이 전사했다고 하니까요.

Eastbourne Remembers: End of War

William James Brockwell

79 Hurst Road

1880 – 1914

William James Brockwell was born in Eastbourne on 10th September 1880 to general labourer, Charles Brockwell who came from Harrow Weald Middlesex and his wife Elizabeth who was born in Eastbourne. William had three brothers and an elder sister.

When his father died, his mother and younger brother moved in with his brother Herbert at 79 Hurst Road.

William joined the navy on 21 July 1904 signing on for 5 + 7 years. He is described as 5 feet 7 1/2 inches, brown hair, blue eyes and a fresh complexion. He gave his civilian occupation as plasterer. In 1909 he chose to stay on for the final 7 years and was transferred to continuous service as a stoker.

He died in action on the 22nd September 1914, hit by a torpedo in the North Sea. He was one of 1,459 seamen lost in the incident. William is remembered on the Chatham Naval Memorial

heritageeastbourne.co.uk

H heritage
EASTBOURNE

EASTBOURNE
Borough Council

그날 이후, 포피 사진이 배경으로 있는
붉은 플라스틱판이 거리 곳곳에서 눈에 들어왔다.
그 시대에는 이 집도 저 집도 다
슬픔에 잠겼었겠구나 생각했다.

79번지 앞에 놓인 붉은 표지판을 처음 봤을 때 독일의 슈톨퍼
슈타인Stolperstein이 생각났습니다. 슈톨퍼슈타인은 '걸려 넘어지
게 하는 돌'이라는 뜻의 동판입니다. 독일 예술가 군터 뎀니히
Gunter Demnig가 홀로코스트 희생자를 기리기 위해 1992년에 독일
에 처음 설치했는데, 점점 유럽 전역으로 확대되어 지금은 유럽
1,200여개 도시에 7만개가 넘는 슈톨퍼슈타인이 있다고 합니다.
그 예술가는 홀로코스트 희생자들이 강제수용소로 추방되기 직
전에 살았던 집 앞 보도에 이 동판을 박아놓았습니다. 이웃 사람
에게 일어난 이 불행한 일에 행인들의 발걸음과 마음이 걸려 넘
어지게 하기 위해서입니다. 가로세로 10센티미터의 작은 판에
는 나치에게 학살된 희생자(유대인이 가장 많지만 집시, 동성애
자 등 다른 희생자도 있답니다)의 이름·생일·추방일·사망 장소
와 날짜가 새겨져 있습니다. 동판 맨 위에는 "여기 살았다"(HIER
WOHNTE)라고 적혀 있습니다. 슈톨퍼슈타인은 그곳을 지나는 사
람들의 걸음을 문득 세우게 될 것임에 분명합니다. 이 집에 살았
던 사람이 홀로코스트 희생자라는 사실은, 그 거리에 살고 그 거
리를 지나는 사람들에게 남다른 느낌을 줄 것입니다. 나와는 '상
관없다'고 생각했던 역사가 내 이웃의 사연이 되는 순간 내 마음
이 달라지는 것을 저도 이제 알게 되었습니다. '관계'가 생긴다는
것이 이런 것인가봅니다.

이 프로젝트는 한국에도 잘 알려져 있습니다. 한국판 슈톨퍼슈

타인인 '평화디딤돌'을 설치하는 시민단체도 있습니다. 몇 년 전이 단체는 일제시대 징용노동자의 이름을 새긴 동판을 그가 살았던 동네에 놓았습니다. 동판 위에는 '여기 살았다' 대신에 "이 동네 사람"이라고 새겼습니다. 종로3가 지하철역 앞에 첫 동판을 놓을 때는 이 일을 시작한 뎀니히씨도 초청되었다죠. 이 기사를 읽었을 때 반갑기도 하고 아쉽기도 했습니다. 역사 속 희생자의 이름을 그가 살았던 동네에 새겨놓은 것이 반가웠으나, 고층빌딩이 가득한 종로를 그가 살았던 '동네'라고 부를 수 있을까 하는 아쉬움이 남았습니다. 옛 거리가 남아 있는 곳에서 그런 표지를 본다면 마음이 더 뭉클했을 텐데요. 우리의 삶의 공간은 너무 많이 변해버려서 기억을 담아둘 장소가 거의 남아 있지 않습니다.

가슴에 포피를 단 많은 사람들을 보면서, 그리고 전사자의 집 앞에 붙어 있는 표지를 보면서, 이곳에서는 전사자를 추모하는 일을 개인과 마을도 하고 있다는 생각을 했습니다. 지난여름에 그룬디씨를 만났을 때 그는 한국이 전사자들을 얼마나 정성스럽게 예우하는지에 감동했다며, 국립묘지의 압도적 규모와 멋진 조경, 전사자의 이름을 새긴 어마어마하게 큰 검은 대리석에 대해 말한 적이 있습니다. 부산에 있는 유엔기념공원도 너무나 아름답다고 했습니다. 그는 전쟁의 희생자를 기리는 한국사람들을 높이 평가했는데, 저는 잘 모르겠습니다. 국가가 기억한다는 것은 알겠는데, 그걸 한국사람들이 기억한다고 말할 수 있는 것인지, 멋진 묘지와 그 관리를 국가에 맡겨놓고 우리는 완전히 잊고 사는 것은 아닌지요. 그런 것이라면, 그 대리석 건축물 안에 있는 젊은 영혼들은 참으로 고독하겠습니다.

11월에 자기 가슴에 다는 포피, 그것은 기억하겠다는 행위의 증표입니다. 이곳에서 그 행위는 남녀노소나 정치성향과 크게 상관이 없는 것 같습니다. 저는 그게 좀 부러웠습니다. 언젠가 우리에게도 나의 이념과 무관하게, 전쟁을 겪은 사람들의 삶을 기억하겠다는 표지를 기꺼이 가슴에 달 날이 올까요? 그렇게 되려면 우리의 포피는 어떤 색깔, 어떤 모양으로 만들어야 할까요?

멀리서 찾아온 젊은이들

혼자 사는 노인이니 겨울에 어찌 지내시는지 한번 찾아뵈어야 겠다는 생각을 하던 차에 그룬디씨로부터 연락이 왔습니다. 그는 1월에 한국 학생들이 맨체스터를 방문하는 행사가 있으니 시간이 되면 오라고 했습니다. 누가 왜 오는지, 몇명이나 오는지, 와서 무엇을 하는지 하나도 모르면서 저는 그냥 가겠다고 했습니다. 이참에 오랜만에 그를 만나 그간의 안부를 듣고 싶었습니다. 한국에서 온 학생들을 만나는 것도 조금 기대되었습니다. 저녁에 같이 맥주라도 한잔할 기회가 있으면 좋겠다고 생각했습니다. 한국전 참전군인을 찾아 영국까지 온 젊은이들이라면 한반도의 평화와 통일에 대해서, 각자가 희망하는 우리 사회의 미래에 대해서 하고 싶은 말이 많을 것 같았습니다. 아쉽게 헤어질까봐 저는 행사장 호텔에 하루 묵을 방도 잡아놓았습니다.

이스트본역에서 첫차를 타고 출발했는데, 런던을 거쳐 맨체스터에 도착하니 정오가 넘었습니다. 하필이면 비가 와서 추레한 모습으로 호텔에 도착했습니다. 영국 할아버지들과 한국 청년들 예닐곱명이 둘러앉아 이야기하는 모임이라고 막연히 생각한 건 착각이었습니다. 행사장은 한국 대학생들과 인솔자 스무명쯤, 양복 가슴께에 훈장을 가지런히 단 백발의 참전군인 열댓명, 맨체스터 시장과 시 관계자, 군장병 지원단체 관계자, BBC 방송 리포터와 카메라맨으로 제법 붐볐습니다. 이럴 줄 알았으면 정장을 갖춰 입을 걸 그랬습니다.

젊은이들은 부산에 있는 부경대학교의 '유엔서포터즈'라는 동아리 학생들이었습니다. 그들은 해마다 한국전에 참전한 국가를 방문하여 참전군인에게 감사인사를 전하는 활동을 한다고 했습니다. 올해가 10년째인데 그동안 미국·호주·필리핀·터키에도 갔었답니다. 몇명은 한복을 입고 있었습니다.

저는 그룬디씨 옆자리에 앉았습니다. 우리 테이블에는 브라이언 데일리Brian Daly 씨도 있었습니다. 그의 이야기는 앞서 말씀드린 책 『한국전쟁의 영국 병사들』에서 읽은 적이 있었습니다. 전쟁터로 갈 때, 한국에 대해서는 하나도 몰랐지만 이게 색다른 모험이라고 생각하고 떠났다고 했습니다. 호기심이 많은 청년이었나봅니다. 데일리씨는 이날 사진첩을 두권 가지고 왔습니다. 거기에는 1951년 전쟁 중에 부산에서 찍은 사진들이 가득했습니다. 거리 사진에서 소년들이 보일 때마다 자세히 살폈습니다. 혹시 아버지를 찾을까 싶어서요. 머리를 짧게 깎고 팔다리가 가는 소년들, 다 아버지처럼 보였습니다.

대학생들은 행사준비를 많이 해왔습니다. 먼저 동아리활동 내용을 동영상으로 보여주었습니다. 그런 다음에 학생들이 한명씩 나와 감사편지를 읽었습니다. 유엔 깃발 아래 싸운 참전군인들 덕분에 우리가 누리게 된 자유와 번영, 민주주의에 대해 이야기하고, 그들의 희생과 헌신에 경의를 표했습니다. 결코 잊지 않겠다고 했고, 당신들은 우리의 영원한 영웅이라고도 했습니다. 마지막에는 마이클 잭슨Michael Jackson의 「힐 더 월드」Heal the World를 불렀고, 준비해온 족자도 선물로 줬습니다. 극진했습니다.

그런데 저는 이 극진함이 어느 순간부터 불편해지기 시작했습니다. 그건 아마 '희생'이라는 말을 열번쯤 들었을 때부터였던 것 같습니다. 그런 느낌이 절정에 달한 것은 세배를 드리겠다고 학생들이 큰절을 할 때였습니다. 불편함을 참느라 제 온몸에 힘이 들어갔습니다. 절을 바닥이 아니라 단상에서 했으면 괜찮았을까요? 저는 의자에 앉아서 그걸 받으니 차라리 맞절을 하고 싶다는 생각이 들었습니다. 그때 우리 중에 한국사람이 한명만 더 있었어도 물어보고 싶었습니다. "이건 좀 과하지 않아요?" 그 사람이 "왜요? 손주가 할아버지한테 세배하는 것 같은데요. 풋풋하잖아요"라고 말해주었으면 제 까칠함을 탓하고 마음을 편히 먹을 수 있었을까요?

엄마는 제게 매사에 좋은 면만 보라고, 삐딱하게 생각하지 말라고 언제나 말씀하셨는데, 아무래도 그때 제 '삐딱병'이 도졌나 봅니다. 마음속에서 자꾸 이런 생각이 일었습니다. '희생? 아니, 한국전쟁 중에 희생된 게 이 사람들뿐이야? 당신들은 참전한 국군장병들에게도 이렇게 극진한가? 군인보다 더 많이 죽은 민간인의 목숨은? 대한민국의 번영과 민주주의? 번영은 산업현장에서 묵묵히 일했던 노동자들의 공이 컸고, 자유와 민주주의에 대한 감사는 독재정권에 반대하며 투쟁했던 시민들에게 돌려야지… 그건 그렇다 치고, 당신들은 전쟁세대의 삶에 평소에도 이렇게 관심이 많았나? 자기 할아버지 할머니가 겪은 전쟁을 들어본 적은 있나? 부모님과 그런 이야기를 해본 적은?' 노트에는 이런 낙서도 남겼습니다. "식민지적 태도?" "일상? 아니면 이벤트?"

우습죠? 이 젊은이들이 한 일은 사실 지난봄에 제가 하고 싶었던 일과 다르지 않았습니다. 그때 저는 참전군인 노인들을 찾아 그들이 잊히지 않았다는 것을 알려주고 싶었습니다. 그런데 저는 지금 그걸 열심히 하는 청년들에게 심술을 부리고 있으니. 트집도 옹졸합니다. 저는 '적당히 감사'하려고 했는데 청년들은 '너무 많이 감사'하는 것 같고, 저는 그들이 겪은 '개인의 희생'을 이해하려 했는데 청년들은 '대한민국을 위한 희생'을 강조하는 게 못마땅했다고 할까요? 유치하게도, 제가 하지 못한 일을 하는 이 젊은이들을 대견하게 여기기는커녕 내심 그들의 정성을 깎아내리고 있었습니다. 이 젊은이들이 어떤 이들인지, 어떤 삶의 태도를 가지고 있는지, 어떤 마음으로 이곳에 왔는지 하나도 모르면서 그들을 판단하고 그들의 진정성을 폄하했습니다. 살펴보면 제 비판은 "이걸 하겠다"라고 말하고 그걸 열심히 하고 있는 사람에게 "저건 했냐? 왜 저걸 안하냐?"라고 야단치는 꼴이니, 이런 억지가 없습니다. 그때 왜 그리 심술이 났을까요? 이 심술도 제 안에서 벌어지는 이념전쟁 때문이라고 하면 핑계일까요?

학생들이 노래를 부를 때 옆에서 훌쩍거리는 소리가 나서 돌아보니, 그룬디씨의 파란 눈에 눈물이 가득했습니다. 우는데, 눈이 빨개지지 않고 유리구슬처럼 투명해져서 슬픈 건지 기쁜 건지 가늠이 안되었습니다. 그의 손을 잡았습니다. 그는 저보다 더 세게 마주 잡았습니다.

브라이언 호프 씨가 참전군인을 대표해서 인사했습니다. 그와는 마이클의 사진을 보내면서 몇번 연락을 주고받은 적이 있었습니다. 그는 먼 곳에서 찾아온 학생들에게 감사인사를 했습니다. 그의 목소리는 낮고 힘이 있어서 단어 하나하나가 다 귀에 깊숙이 들어왔습니다. 그는 마지막에 이런 말을 했습니다. "남한과 북한이 머지않아 통일이 되기를, 그래서 사람들이 '같이' 행복하게 살 수 있기를 기원합니다."

2차대전에도 참전했다는 노병도 감사인사를 했습니다. 아흔살이 훨씬 넘은 그가 힘들게 단상에 오를 때는, 거기 놓인 계단 세 개가 제 눈에도 그렇게 야속해 보였습니다. 마르고 꼬장꼬장해 보이는 이 노인은 학생들에게 "찾아와주어서 고맙다"라고 했습니다. 오늘 이 자리를 만들어주어서 감사하다고, "하지 않아도 되는 일인데 해주어서 고맙다"라고요.

그룬디씨에게 조용히 물었습니다.

"이렇게 한국에서 찾아오는 학생들이 그전에도 있었나요?"

"거의 없어요. 내가 기억하기로는 10년 전쯤 한번 있었던 것 같아요."

"여기 오신 참전군인들끼리는 가끔 만나시나요?"

"아니요, 우리도 협회가 해산된 후에는 거의 못 만났어요. 오늘, 정말 몇년 만에 만난 거예요."

그러자 멀리서 와준 이 학생들이 고마워졌습니다. 그들이 오지 않았다면 옛 전우들은 이렇게 만나지 못했을 거고, 우리는 오늘 한반도의 평화와 통일을 함께 기원하지도 못했을 겁니다. 제가 남북정상회담 후에 꿈꾸었던 '잔치'가 생각났습니다. 혼자 공상하다가 아무래도 제가 할 수 있는 일이 아니라서 제풀에 우울해진 그 잔치 말입니다. 이날 행사는 상상 속의 그 잔치와 많이 닮았습니다. 비록 종전을 축하하는 자리는 아니었지만, 그리로 향하는 길목에서 평화를 염원하고 전쟁에 희생된 이들을 기억하는 시간이었습니다. 한국 젊은이들이 전쟁터로 나갔던 영국 노인들에게 그 전쟁은 '잊힌 전쟁'이 아니라고 말해주는 자리였습니다. 이 젊은이들은 그 일을 아주 극진하게 잘했습니다.

행사 마지막 순서는 「추모의 송가」^{Ode of Remembrance}를 바치는 것이었습니다. 브라이언 호프 씨가 앞에 섰고, 모두 기립했습니다. 그들은 한국전에서 돌아오지 못한 동료들을 위해 이 시를 함께 읊었습니다. 로렌스 비니언^{Laurence Binyon}이라는 시인이 1914년에 쓴 「전사자를 위하여」^{For the Fallen}라는 시의 한 부분입니다. 거기모인 사람들은 다 아는 시인 것 같았습니다. 오랜만에 차려입었을 법한 양복의 왼쪽 가슴에 메달을 단 노인들이 꼿꼿이 서서 함께 낭송하는데, 제 가슴이 쿵쿵거렸습니다. 노인들의 낮은 목소리가 북소리처럼 울렸습니다.

그들은 늙지 않을 것이다, 남겨진 우리는 늙어가지만.
나이가 고단하게 하지도, 세월이 죽음을 선고하지도 않을 것이다.
해가 저물 때 그리고 또 아침에

우리는 그들을 기억할 것이다.

They shall grow not old, as we that are left grow old:
Age shall not weary them, nor the years condemn.
At the going down of the sun and in the morning
We will remember them.

행사가 끝나고 브라이언 호프 씨에게 다가가서 인사했습니다. 아까 그가 했던 인사말이 계속 귀에 맴돌아서, 그 이야기를 하고 싶었습니다.

"아까 한국이 다시 하나가 되어 같이 잘 살기를 기원한다는 말씀, 참 좋았습니다."

"꼭 그렇게 되어야 해요. 그렇게 아름다운 나라가 나뉘어 있는 것은 정말 비극입니다. 한국에 갔을 때 나는 열아홉살이었습니다. 그 나라가 참 아름답다고 생각했습니다. 그렇게 아름다운 곳에서 사람들이 전쟁으로 고통을 겪은 것은 정말 슬픈 일입니다. 특히 아이들을 생각하면 지금도 울컥합니다. 한국이 곧 다시 합쳐지기를 진심으로 기원합니다. 원래 한 나라였지 않습니까? 그래서 머지않아, 사우스 코리아나 노스 코리아가 아니라 그냥 코리아라고 불리는 날이 왔으면 좋겠습니다. 그렇게 되어야 합니다. 제발 곧 그렇게 되기를."

194

그는 마지막 말을 여러번 반복했습니다. 낮은 목소리로 천천히 힘주어 이야기했는데, '제발' '곧' '그렇게 되어야 한다'는 말은 아까 들은 '같이'라는 말처럼 묵직하게 울렸습니다.

좀더 이야기를 나누고 싶었는데, 그를 부축하고 있는 손주 얼굴에 빨리 돌아가야 한다는 조바심이 역력히 비쳤습니다. 호프씨 아내가 많이 아프다고 했습니다. 그는 다음에 맨체스터에 오게 되면 미리 알려달라고, 그때 또 만나자고 말하고 손주와 함께 떠났습니다. 노인들은 다들 누군가의 부축을 받고 떠났습니다. 그룬디씨도 브라이언 데일리 씨와 같이 돌아갈 채비를 하고 있었습니다. 데일리씨도 치매에 걸린 아내를 이웃에게 맡기고 왔다며 마음이 급했습니다.

모두 다 돌아갔습니다. 청년들과 맥주라도 마시고 싶었는데 그들도 행사를 마치고 서둘러 떠났습니다. 런던에서 다섯시간 넘게 버스로 달려온 그들은 행사가 끝나고는 버스를 타고 다시 런던으로 돌아갔습니다. '강행군'이라는 단어가 오랜만에 떠올랐습니다. 펍에 가서 청년들에게 맥주를 사주며 훌륭하다고 이야기해주고 싶었는데 그럴 기회도 없었습니다. 썰물 빠지듯이 모두 다 떠나버리고 호텔에 덩그러니 저 혼자 남게 되었습니다. 잔치가 끝난 후에 찾아오는 허전함. 저는 잔치를 좀더 하고 싶었는데 노인들도 젊은이들도 다 돌아갔습니다.

하긴 잔치만 하면서 살 수는 없는 일입니다. 이만하면 충분합니다. 노인들은 오늘 일을 오랫동안 곱씹을 거고, 젊은이들도 돌아가는 길이 마음 가볍고 부듯할 겁니다. 저도 좋았습니다, 더이상 바랄 것이 없을 만큼. 아까 마음이 삐딱해져서 끄적여놓은 질문에 대한 답도 알 것 같았습니다. "일상? 아니면 이벤트?" 잔치는 당연히 이벤트입니다. 그러나 그것은 일상을 다시 새롭게 해서 오늘 우리를 살게 만듭니다.

다음날 아침에 에클즈에 가서 그룬디씨와 같이 늦은 아침을 먹었습니다. 지난여름에 함께 갔던 식당은 없어졌습니다. 그 식당만 없어진 것이 아니라 중심 상가에 있는 가게의 절반쯤이 문을 닫았습니다. 그가 말하길, 여기 낡은 가게들은 다 대형 쇼핑몰로 바뀐답니다. 돈 많은 중국인 사업가가 투자한다고, 그러면 여기도 번화해질 거라고 기대감을 드러냈습니다. 돈 많은 중국인 사업가… 한국전쟁에서 중국군과 싸운 이들에게는 격세지감이겠습니다. 이제 중국의 위력은 누구도 부정하기 어렵습니다.

제가 중국의 힘을 여실히 알게 된 것은 린아의 온라인 쇼핑 덕분입니다. 린아는 물건을 주로 인터넷으로 삽니다. 옷이나 가방, 액세서리 같은 패션용품인데 전세계 웹사이트를 뒤져서 꼼꼼히 가격을 비교합니다. 중국은 온라인 쇼핑의 절대강자입니다. 가성비가 최고이고 품질도 나쁘지 않습니다. 배송비도 대부분 무료입니다. 우리 집에는 일주일이 멀다 하고 중국에서 소포가 옵니다.

그날도 우체부가 린아에게 오는 소포 두개를 가지고 왔습니다. 괜히 말을 건 것은 저를 중국사람이라고 생각할까봐서였습니다. 그러면 또 어때서, 굳이 말이지요.

"우리 딸이 중국 사이트에서 쇼핑을 많이 해요. 가격이 엄청 싸더라고요."

"다른 집도 중국에서 오는 소포가 많아요. 철도로 오는 거죠."

"아! 이게 철도로 오나요?"

그동안 궁금하긴 했습니다. 주문한 지 이주일이면 오는 것을 봐서 선편은 아닌 것 같은데, 항공편 운임을 받지 않는 게 신기했습니다. 저는 사람이든 물류든 해외로 가는 것은 항공편 아니면 선편만 생각했습니다. 기차로 국경을 넘어본 적이 없어서, 육로는 아예 머리에 입력되어 있지 않았습니다. 우체부가 말했습니다.

"네. 실크로드로 오잖아요."

"실크로드요?"

"왜 있잖아요, 그 옛날 중국의 무역로 말이에요. 이제 철도로 부활했죠."

중국이 아시아·유럽·아프리카 60개국을 연결해서 만드는 일대일로一帶一路 교통망이 우리 집까지 연결된 것입니다. 세계 최대의 공장과 유통망을 갖췄으니 중국은 상품 생산과 판매의 왕좌를 이미 차지했습니다.

소포를 받아들고 제가 말했습니다.

"저는 한국에서 왔어요. 한국도 북한하고 철도가 조금만 연결되면 여기까지 기차로 올 수가 있는데, 지금은 분단이 되어서 그럴 수가 없어요. 그게 이어지면 세계에서 가장 긴 기차여행이 될 거예요."

뜬금없는 제 말에 우체부는 별말 없이 목례만 하고 옆집으로 가버렸습니다. 저장성浙江省에서 출발하여 카자흐스탄·러시아·벨라루스·폴란드·독일·벨기에·프랑스를 거쳐 영국의 우리 집까지 온 중국산 원피스를 받아들고 좀 서글펐던 기억이 떠올랐습니다.

그룬디씨와 이런저런 이야기를 나누며 아침을 먹었습니다. 이번에도 저는 소시지·베이컨·계란·블랙푸딩·콩·토마토·버섯·감자를 담은 영국식 조찬을 주문했습니다. 이번에도 그는 식당 주인에게 제가 한국에서 왔다고 소개했고, 이번에도 식당 주인은 그를 잘 알고 있는 것 같았습니다. 아침을 먹으면서 잘사는 중국 이야기도 하고, 뉴몰든에서 제가 만난 북한사람들에 대해서도 이야기했습니다. 저는 그즈음에 런던한겨레학교에서 자원교사로 일했습니다. 부모님 고향이 북한인 아이들과 우리말 시를 같이 읽고 번역하는 수업을 했습니다. 그룬디씨에게 그 아이들이 영어로 아름답게 번역한 우리말 시집을 한권 드렸습니다. 그는 고맙다고, 한국과 관련된 것은 하나도 버리지 않고 다 모아둔다며 잘 간직하겠다고 했습니다.

이런저런 말을 하다가 유엔기념공원 유엔군묘지 사후 안장에 대해 이야기하게 되었습니다. 그는 유엔공원 묘지관리위원회로부터 사후 안장 승인을 받았습니다. 언젠가 부산에 묻힐 겁니다.

"이런 질문이 좀 그런데… 지금 혼자 사시는데, 나중에 때가 되어 한국으로 가시게 되면 여기서 그 일을 도와주실 분이 있나요?" 돌아가신 후에 수습을 누가 하냐는 질문을 돌려 말했습니다.

"장의사에게 다 얘기해뒀어요. 화장한 후에, 재를 한국으로 부쳐달라고."

"부쳐요?"

"네, 우편으로 갈 겁니다."

"아… 네."

유골을 그렇게 보낼 수는 없을 것 같아서, 언젠가 때가 되면 제가 모시고 가야겠다고 마음먹었습니다. 다음번에 에클즈에 올 때는 장의사를 만나 연락처를 남겨둬야겠다고 생각했습니다. 그때만 해도 한국에 그의 가족이 있다는 것은 잊었습니다. 나중에 유엔기념공원의 박은정 과장을 만났을 때, 그녀는 "할아버지는 제가 모신다"라고 했습니다. 그녀는 정말로 그룬디씨의 손녀였습니다.

식당에서 나와서 트램 정류장으로 가는 길에 브라이언 데일리씨를 만났습니다. 그분은 아내와 함께 가게에 가는 길이었습니다. 그룬디씨와 데일리씨는 어제 BBC 저녁뉴스에 우리 행사가 나온 것을 봤냐는 인사를 주고받았고 데일리씨의 아내도 어제 뉴스 이야기를 했습니다. 인사를 하고 헤어졌는데 그룬디씨가, 그래도 오늘은 그의 아내가 정신이 있는 것 같다고 말했습니다. 남편을 못 알아보는 날도 많다고, 아내가 집을 나가 길을 잃어버릴까봐 브라이언은 방문도 다 열쇠로 잠가놓는다고요. 그날 잠깐 본 그녀의 얼굴은 고왔고 가슴에는 포피를 달고 있었습니다. 빨간 털실을 뜨개질해서 만든 꽃이었습니다.

맨체스터에 있는 제국전쟁박물관 Imperial War Museum North에 가려고 생각한 것은 '우리가 잊지 않도록?' Lest We Forget? 이라는 제1차 세계대전 종전 100주년 특별전시를 보고 싶어서였습니다. 박물관은 에클즈에서 피카딜리역으로 가는 길 중간에 있습니다. 집으로 돌아가기 전에 한두시간 둘러볼 시간이 있었습니다.

이 박물관은 제가 지금까지 가본 박물관과 조금 달랐습니다. 건물 자체가 전쟁을 표현하는 것 같았습니다. 전쟁통에 사람들이 겪었을 법한 생각과 마음을 공간으로 구현해낸 다니엘 리베스킨트 Daniel Libeskind라는 건축가의 솜씨가 놀라웠습니다. 멀리서 본 박물관 건물은 금속 파편을 모아놓은 것 같았습니다. 박물관 입구가 어딘지를 한참 찾았습니다. 콘크리트 벙커의 입구 같은 좁은 회색 문을 볼 때부터 낯선 기분이 들었습니다만, 재차 확인하고 들어간 좁고 긴 입구를 지나자 내가 방금 초소를 통과했다는 것을 알았습니다. 그 묘한 공간배치가 박물관 안을 전쟁의 시대로 바꿔놓았고 저는 아무 준비 없이 덜컥 그곳에 놓이게 되었습니다. 전쟁을 겪은 사람들이 그러했듯이, 덜컥.

박물관 안은 미로 같았습니다. 눈앞을 가로막는 벽면들 때문에 시야는 온통 어긋나서 방향을 가늠하기 어려웠습니다. 내가 있는 공간의 전체 모습을 볼 수 없으니 혼란스럽고 막막한 마음이 들었습니다.

특별전시장 입구에 있는 모니터에서는 인터뷰 영상이 돌아가고 있었습니다. 시민들에게 질문했습니다. 첫번째 질문.

"1차대전 하면 어떤 생각이 드나요?"

그들의 대답은 쓸데없는 소모, 놀랄 만큼 잔혹한, 참호, 피투성이 전투, 용기, 그냥 벌어진, 멍청한, 불필요한, 국가를 위한 희생 등이었습니다.

두번째 질문.

"당신은 우리가 1차대전을 언제나 기억할 거라고 생각하나요?"

"기억은 언젠가 사라질 수밖에 없겠죠." "틀림없이 기억될 겁니다." "네, 왜냐하면 언제나 교육과정에 있으니까요." "우리가 11월 11일을 기리는 것처럼 특별히 기억하려고 노력하지 않는다면 잊힐 겁니다." "기억할 겁니다. 하지만 이 대량학살의 시대에

전쟁통에 사람들이 겪었을 법한 생각과 마음을
공간으로 구현해낸 건축가의 솜씨가 놀라웠다.
콘크리트 벙커의 입구 같은
좁은 회색 문을 볼 때부터
낯선 기분이 들었지만, 재차 확인하고
좁고 긴 입구를 지났다.

향수를 가지지 않도록 주의해야 합니다." "잊어버리지 않게 이미 제도로 만들어진 것 같아요."

영상은 시민들의 이야기가 끝난 다음에 런던 중심에 있는 1차 대전 전사자추모비The Cenotaph에 새겨진 글을 크게 비췄습니다. "영광스럽게 죽은 이들"(The Glorious Dead). 아무 설명도 없었는데, 그 흰 석회암에 새겨진 커다란 글씨가 오히려 질문을 던지는 것 같았습니다. '이것은 영광스러운 죽음이었나?'

전시장은 검은색 벽에 좁은 통로로 되어 있었습니다. 한 5분쯤 지났을까, 저는 제가 참호 안에 있다는 것을 알았습니다. 큐레이터는 영리하게도 전시장을 1차대전 당시의 참호를 느낄 수 있도록 꾸며놓았습니다. 좁고 어두운 공간을 견디기 어려워하는 저는 답답함이 목까지 차올랐습니다. 단지 몇분이었는데도 빨리 넓은 곳으로 나가고 싶었습니다.

전시물 중에는 전몰장병을 기억하는 것에 대한 논쟁을 소개한 것도 있었습니다. 포피를 다는 것이 영국이 관여한 모든 군사적 행동에 찬성하는 것이라고 여겨 이를 거부한 북아일랜드 축구선수 이야기, 과거에 일어난 전쟁을 자꾸 회상하는 대신 이제 미래에 대해 이야기하자고 주장하는 사람들의 이야기 등등. 전시장을 순회하는 안전요원에게 사진을 찍어도 되냐고 물었습니다. 박물관이 소장하고 있는 그림은 얼마든지 찍어도 되지만 특별전시물은 저작권 때문에 사진을 찍을 수 없다고, 미안하다고 했습니다.

그의 태도가 매우 공손해서 좀더 이야기하고 싶어졌습니다.

"저는 한국에서 왔어요. 어제 한국전 참전군인을 위한 행사에 참석하려고 왔죠. 참전군인들은 한국전쟁이 1차대전과 비슷했다고 이야기합니다. 고통스럽고 잔혹한 참호전이었다고요. 이 전시를 보면서 한국전쟁이 생각났습니다."

"아, 그 행사는 저도 어제 뉴스에서 봤습니다."

"전시를 보니 1차대전을 기억하는 것에 대해서 여러 다른 의견이 있는 것 같은데, 당신은 이런 논쟁을 어떻게 생각하나요?"

"사람들마다 의견이 다른 것은 당연한 일이라고 생각합니다. 전사자를 추모하는 것이 전쟁을 미화한다는 의견, 이제 과거는 잊고 앞으로 나아가야 한다는 의견, 의미 없는 전쟁에서 많은 이가 희생되었기 때문에 오히려 더 기억해야 한다는 의견, 여러 의견이 있지요. 저는 이렇게 다양한 의견을 자유롭게 이야기할 수 있는 사회에 지금 우리가 살고 있는 것은, 전체주의와 싸우다가 목숨을 잃은 이들의 희생 덕분이라고 생각합니다. 그래서 저는 이들을 기억합니다."

주 전시장에서 한시간마다 '큰 그림 쇼'를 상영한다고 해서 그곳을 찾아갔습니다. 길을 몇번 잃었다가 도착하니 천장이 아주 높은 홀이 나왔습니다. 천장까지 높이가 10미터는 족히 되는 것 같았습니다. 여기에도 큰 칸막이벽이 제각기 다른 방향으로 서 있어서 전체 공간이 어떤 모양인지는 알 수가 없었습니다. 상영 시간이 가까워져서 스크린이 있는 곳을 찾아보고 있는데 갑자기 쿵 하는 소리와 함께 홀 전체가 암전되었습니다. 곧 우레 같은 소리가 들렸습니다.

"상상하라!"(Imagine!)

남자의 목소리가 쩌렁 울리고 동시에 그 많은 벽면이 전부 스크린으로 바뀌었습니다. 엄청나게 큰 사진과 동영상 이미지들이 벽 전면에 나타났습니다. 열개가 넘는 벽에 비친 영상은 모두 제각기였습니다. 지친 군인, 여성, 어린이의 모습이 떠올랐고, 잿더미가 된 마을, 폭격 장면, 전사자의 무덤이 보였습니다. 엄청나게 큰 소리와 많은 이미지가 한꺼번에 몰려오자 어지러워져서 일단 바닥에라도 앉아야 했습니다. "상상하라"라는 내레이터의 목소리는 계속되었고, 이미지의 공격도 끝이 나지 않았습니다. 과도한 자극에 속이 메슥거릴 때쯤 쇼가 끝났습니다. 저는 빨리 밖으로 나가 찬바람을 쐬고 싶은 생각만 났습니다. 불이 켜졌는데, 나가는 곳이 안 보여서 마음이 급해졌습니다. 겨우 출구를 찾아 나가려는데, 벽면에 새겨진 글이 눈에 들어왔습니다. "평범하지 않은 시대를 산 평범한 사람들"(Ordinary people in extraordinary times). 그들이 경험한 굉음과 섬광은 이것에 비견할 바 아니겠습니다.

강가에 앉아서 바람을 쐬었습니다. 이 낯선 도시에서 어제오늘 만난 사람들과 보고 듣고 느꼈던 것이 뒤죽박죽 떠올랐습니다. 한국에서 그 젊은이들이 오지 않았다면 제게 일어나지 않았을 일입니다. 그들이 고마웠습니다.

트램을 타러 가기 전에 박물관을 다시 돌아보았습니다. 차갑고 날카로운 모양의 건물이지만 그 안에 미움을 담고 있지 않아서 좋았습니다. 제가 이날 본 전시는 '적군의 만행'에 대해서는 거의 아무것도 이야기하지 않았습니다. 적이 얼마나 잔인했는지, 그에 맞서 우리가 얼마나 용감하게 싸웠는지가 아니라 이 전쟁이 얼마나 많은 이들에게 고통을 줬는지, 얼마나 많은 상처를 남겼는지를 보여주려는 것 같았습니다. 우리도 언젠가 한국전쟁을 이렇게 볼 때가 오겠죠. 전투가 아니라 전쟁에 대해 이야기할 날이, 적의 잔혹함이 아니라 전쟁의 잔혹함을 이야기할 날이, 오랫동안 끝나지 않았던 전쟁이 사람들에게 남긴 상처를 이야기할 날이, '평범하지 않은 시대를 산 평범한 사람들'의 이야기를 할 날이요.

유엔기념공원

아버지 기일에 맞춰 한국에 왔습니다. 영국을 떠나기 전에 포피를 주문했습니다. 마이클이 묻힌 곳에 놓아주려고요. 그룬디씨에게 이번에 한국에 가면 부산에 가볼 거라고 하니 자기 사촌 앳킨슨의 묘에도 들러달라고 했습니다. 포피를 넉넉히 더 주문했습니다. 짐을 꾸리는데, 붉은 포피가 여행가방 절반을 차지했습니다.

유엔기념공원에 간 날은 영국군 참전군인 윌리엄 스피크먼 William Speakman 씨의 안장식이 있는 날이었습니다. 박은정 과장이 알려주었습니다. 이왕이면 오는 김에 안장식도 보라고요. 스피크먼씨가 누구인지 궁금해졌습니다.

스피크먼씨는 1952년에 영국 최고의 무공훈장인 빅토리아십자훈장Victoria Cross, VC을 받았습니다. 이 훈장은 엘리자베스 2세 여왕이 즉위한 후 처음 수여한 훈장입니다. 2015년에는 대한민국 최고 무공훈장인 태극무공훈장도 받았습니다. 2018년 6월 20일, 그가 90세를 일기로 사망하자 『가디언』 『인디펜던트』 같은 영국의 주요 일간지는 부고기사를 길게 실었습니다. 기사를 통해 알 수 있는 그의 삶은 이렇습니다.

그는 1927년에 체셔(지금의 맨체스터) 올트링엄에서 태어났습니다. 어머니 해나 스피크먼은 미혼모였고 가정부로 일했습니다. 아버지가 누군지는 모릅니다. 어머니는 아버지 이름도 알려주지 않았습니다. 중학교를 마치고 열네살부터 이런저런 일을 하다가 열일곱살에 군인이 됩니다. 2차대전이 끝날 무렵 독일·이딸리아·홍콩 등지에서 복무하고, 1950년에 다시 독일에 갔다가 한국전에 자원합니다. 스코틀랜드수비대King's Own Scottish Borderers에 소속되어 한국에 옵니다.

이병 스피크먼에게 빅토리아십자훈장을 안겨준 것은 1951년 11월 4일에 벌어진 임진강 217고지전투였습니다(한국 신문에는 마량산전투라고 되어 있습니다). 그는 인해전술로 몰려오는 중국군과 싸울 때, "소설가도 감히 지어낼 수 없는 불굴의 용맹"(『가디언』 2018년 6월 26일자)으로 적군의 공격을 지연시켜 아군이 무사히 후퇴할 수 있도록 도왔습니다. 6천명이나 되는 중국군 포병의 압도적인 공격에 맞서 그는 주머니마다 수류탄을 가득 채워넣고 적진을 향해 달려가 수류탄 수십발을 투척했습니다. 수류탄이 다 떨어지면 돌아와 다시 주머니를 가득 채우고 달려갔습니다. 전의를 상실했던 동료 장병들이 그를 따랐습니다. 백병전이었습니다. 스피크먼씨는 전투 중에 다리와 어깨에 총을 맞았습니다. 의무병에게 응급처치를 받고는 다시 일어나 적진으로 향했습니다. 그는 키가 2미터나 되는, 진격하는 거인이었습니다. 수류탄이 떨어지자 돌멩이·깡통·맥주병 따위를 던졌습니다. 그는 이것 때문에 '맥주병 VC'라는 별명을 얻었습니다. 1952년 1월에 영국으로 후송되었고 2월에 엘리자베스 여왕으로부터 빅토리아십자훈장을 받았습니다. 다시 참전을 자원해서 한달 후에 한국으로 돌아옵니다.

스피크먼씨는 한국전쟁의 영웅이었습니다. 그러나 그가 늘 영웅처럼 산 것은 아니었습니다. 세상에 그런 사람이 어디 있겠습니까. 그는 1953년에 제대합니다. 사회에 적응하는 데 어려움을 겪었습니다. 자격증이 하나도 없어서 취직이 어려웠습니다. 그래서 다시 입대합니다. '말라야 공산폭동'을 진압하는 데 파병되었고 특수부대SAS에서도 잠시 근무했습니다. 1968년에 부사관으로 제대합니다.

1969년에 그는 에든버러에서 한 여성의 지갑을 훔치다가 체포되었고, 훔친 돈 104파운드를 갚는 조건으로 무죄방면됩니다.

"그의 훈장이 그의 감옥행을 막았을 것"(『가디언』 2018년 6월 26일자)입니다. 사회에 정착하는 데 어려움을 겪었던 '맥주병 VC'는 여러 직업을 전전했으나 가난했습니다. 결국 그는 빅토리아십자훈장을 수집가에게 팔고 그 돈으로 지붕을 수리했습니다.

나중에는 남아프리카공화국으로 이민을 갑니다. 그룬디씨가 슬쩍 이야기한 바로는, 그는 그곳에서 경찰이 되었는데 이것도 여하한 이유에서 오래가지는 못한 것 같습니다. 세번 결혼하고 이혼했으며 일곱명의 자녀를 낳았습니다. 노후에는 고향 맨체스터로 돌아와서 군연금생활자로 지냈습니다. 나중에 영국정부로부터 빅토리아십자훈장 복제품을 다시 받았습니다.

그가 한국을 다시 방문한 것은 2010년 4월이었습니다. 이때 한국정부는 한국전쟁 60주년 기념행사로 유엔군 참전군인을 초청했습니다. 국가보훈처가 공식적으로 이들을 초청한 것은 이때가 처음이라고 합니다. 60년 만에 한국을 찾은 참전군인들은 한국의 경제성장을 보고 큰 충격을 받고 감격했습니다. 그건 충분히 상상할 수 있습니다. 남루한 모습으로 헤어진 어린아이를 번듯하고 윤택하게 성장한 중년의 모습으로 다시 만나는 노인의 심정이 그와 비슷하겠습니다. 스피크먼씨는 2015년 4월에 다시 한국에 초청됩니다. 이때 그는 자신이 받은 훈장을 한국정부에 기증한다고 밝힙니다. 그리고 자신의 재를 비무장지대에 뿌려달라고 요청합니다. 이 일은 당시 한국과 영국 신문에 자세히 보도되었습니다.

『텔레그래프』기사(2015년 4월 21일자)에는 이렇게 쓰여 있습니다.

빌 스피크먼(87)씨는 영연방 참전용사의 방문을 환영하는 서울 한 호텔의 만찬에서 이렇게 밝혔다. "죽기 전에 이 VC를 어떻게 할지 결정했습니다. 이것은 본래 한국에서 시작된 것이므로, 한국으로 돌아와야 한다고 생각합니다."

비록 휠체어에 앉아 있었지만 6피트 6인치(약 201센티미터)의 몸은 여전히 육중했다. 그가 VC와 다른 아홉개의 훈장을 박성춘 국가보훈처장에게 건넬 때, 그 눈은 젖어 있었다. 스피크먼씨의 훈장은 서울 도심의 전쟁기념관에 전시될 것이다.

첼시군인연금공단은 그가 자신의 재를 DMZ에 뿌려달라고 요청했다고 밝혔다. 그곳은 한국을 둘로 나누는 곳이다. 그는 "나를 무인의 땅(No Man's Land)에 뿌려주기를 원한다"라고 말했다.

한국전에서 희생된 영국군 전사자 수는 포클랜드전·이라크전·아프가니스탄전 전사자를 다 합친 것보다 더 많다. 스피크먼씨는 1951년 11월 4일에 벌어진 전투에서 영웅적 행동으로 VC를 수여받았다. 이것은 1950년부터 1953년 사이 전쟁 중 서훈된 네개의 VC 중 하나이다. (…) 그러나 이날 한국에 기증된 훈장은 복제품이다. 오래전, "사십몇살이었고 직업이 없었던" 그는 새 지붕을 얹는 비용을 마련하기 위해 오리지널 훈장을 수집가에게 팔았기 때문이다.

전쟁 중에 적이었던 중국에 대해 지금은 어떻게 생각하냐는 질문에 그는 이렇게 말했다. "적개심을 갖지 않습니다. 이 시대에는 다른 사람들과 잘 어울려 지내야 합니다. 이제 우리는 다 코즈모폴리턴이잖아요."

한국을 방문한 참전용사들은 어디를 가든 후한 환영을 받았다. 영국군 참전용사 케네스 휘트비가 말했다. "그들은 우리를 마치 영웅처럼 대접합니다. 우리는 그들의 찬사를 받을 자격이 없습니다. 그저 맡은 일을 했을 뿐입니다."

비가 주룩주룩 내렸습니다. 안장식은 스코틀랜드 전통의상을 입은 군인의 백파이프 연주로 시작되었습니다. 그가 스코틀랜드 수비대 소속이어서 그랬나봅니다. 아들과 딸 등 유족이 초청되었고, 국가보훈처, 주한 영국대사관, 유엔군사령부, 유엔군묘지 관계자들이 식을 준비했으며, 다른 참전군인들과 저 같은 일반시민이 함께 추모했습니다. 두 나라의 기자들도 제법 많이 왔습니다. 영국정부의 포피 화환, 대한민국 대통령의 국화 화환이 봉헌되었습니다. 최대의 예의를 갖춘 엄숙한 안장식을 보면서, 잠깐 그룬디씨 생각을 했습니다. 그날의 안장식도 이렇게 성대할 겁니다.

똑같이 생긴 청동 묘비가 너무 많았습니다. 유엔기념공원에는 2,297개의 묘지가 있습니다. 영국군 묘지만도 884개입니다. 묘역

번호만 가지고 마이클의 묘를 찾는 것은 쉽지 않았습니다. 한참을 헤매다가 결국 자원봉사자의 도움을 빌려 찾을 수 있었습니다. 가져간 포피를 꽂았습니다. 청동 묘비에 도드라지게 새겨진 글자를 손으로 만져주었습니다. 네줄.

소위

D. M. 호크리지

서우드 포리스터즈

1952년 2월 6일, 20세

그의 타이틀은 럭비선수, 합창단원, 고전문학반 학생, 학생회장, 누군가의 아들, 제자, 선배, 친구가 아니라 그의 계급입니다. 소속도 이스트본칼리지나 옥스퍼드대학교가 아니라 그가 속한 대대의 이름입니다. 군인으로 산 것은 그의 삶에서 불과 반년밖에 안되는데 말입니다. 청년에게 인사했습니다. "안녕?" 그러고는 무슨 말을 해야 할지 몰라 한참을 가만있었습니다.

그가 소년이었을 때 불렀다는 노래 「비둘기의 날개 위에」를 들려주었습니다. 크지 않게 틀었는데도, 보이소프라노의 높은 음색이 널리 퍼지기 때문인지 그 고요한 묘역을 울렸습니다. 아니, 제법 크게 틀었던 것 같기도 합니다. 그래야 오래전에 캔버스천에 쌓여 저 아래 땅속 깊이 묻힌 그에게 닿을 것 같아서요.

"안녕?"
청년에게 인사를 했다.
그러고는 무슨 말을 해야 할지 몰라
한참을 가만히 있었다.

잠시 후 누가 말을 걸었습니다. 음악 소리가 너무 컸나봅니다.

"안녕하세요? 저는 통역사인데요, 오늘 안장식을 한 유가족분이 궁금해하셔서요. 이 묘지에 묻힌 분과는 어떤 관련이 있으신지요?"

안장식을 마치고 묘역을 둘러보던 스피크먼씨의 아들이 왼편에 서 있었습니다. 초로의 남자는 아버지를 닮아 키가 몹시 컸습니다.

"아, 안녕하세요?"

이번에는 그가 직접 물었습니다.

"어떤 연유로 이곳에 계신가요?"

"저는 영국에 살아요. 여기 묻힌 호크리지 소위는 우리 딸이 다니는 학교 졸업생이에요. 한국에 방문한 김에 들렀습니다. 이 곡은 그가 합창단에서 부른 노래라고 해서 듣고 있었습니다. 스무 살에 죽었다는 게 슬프네요."

"아, 그렇군요. 기억하고 찾아와주다니, 친절하시네요. 맞아요, 다들 너무 젊은 나이에 죽었습니다. 묘비를 보니 열아홉살 전사자도 많더군요."

"이 젊은이들이 의무징집병이었다는 게 슬프더라고요."

"그렇죠. 들여다보면 사연 없는 무덤이 어디 있겠습니까?"

아들의 이 말에 신문에서 읽었던 스피크먼씨의 삶이 얼핏 생각났습니다. 그가 왜 한국에 묻히고 싶어했는지 충분히 이해할 수 있었습니다. 오래전에 여왕으로부터 훈장을 받았을 때와 오늘의 안장식이 그의 인생에서 가장 빛나는 순간일 겁니다. 그래서 맞장구를 쳤습니다.

"그러게요, 세상에 사연 없는 무덤이 어디 있겠습니까."

그들이 가고 나서 마이클의 무덤가에 다시 쪼그리고 앉아 있는데 퍼뜩 알았습니다.

'아! 마이클은 여기 없구나!'

떠나기 전에 이스트본칼리지에 '부산에 있는 마이클을 찾아가 보겠다'고 이메일을 보냈고, 동창회장에게서 감사하다는 인사까지 받았는데, 정작 그는 이곳에 없었습니다. 그가 어디에 있는지는 짐작할 수 있습니다. 이스트본칼리지의 전사자 추모벽에, 학교 기록관에 정리해둔 마이클 호크리지 파일 속에, 2018년 학교 잡지에 실린 추모의 글 안에, 그리고 무엇보다도 아직도 그를 기억하는 친구들 곁에 있을 겁니다. 아무래도 영혼은 그에게 의미 있는 장소, 그를 기억해주는 사람들 곁에 머무를 것 같습니다. 마음이 가벼워졌습니다. 그가 있을 곳에 있는 것 같아서요.

가져간 포피를 마이클의 묘지와 그룬디씨의 사촌 앳킨슨의 묘지에 꽂았습니다. 나머지는 무명용사의 묘에 하나씩 꽂아두려고 했는데, 턱없이 부족했습니다. 이렇게 쓰여 있는 묘지가 100개나

되었습니다.

하느님은 알고 있는

영국군 병사

SOLDIER OF THE BRITISH ARMY

KNOWN UNTO GOD

그래도 무명용사 묘에 이름이 없다고 쓰지 않고 그가 누구인지 신은 안다고 적어놓은 것이 따뜻해서 좋았습니다. 고향 어디에 그를 기억하는 가족과 친구가 남아 있다면, 그는 자기 이름으로 거기 머물러 있을 겁니다.

전사자의 사진이 전시되어 있다는 추모벽을 찾아갔습니다. 그 건 유엔군위령탑 안 전시관에 있었습니다. 위령탑은 가로로 긴 직사각형 모양의 웅장한 조형물이었습니다. 흰 대리석 전면에 "유엔군위령탑"이라는 여섯글자가 금속으로 도드라졌습니다. 그 아래에 영문으로 "한국전쟁에서 목숨을 바친 유엔군 장병을 기억하며"라고 적혀 있고 양옆으로 날개를 펼친 비둘기 부조가 글자를 감싸안았습니다. 그 낯익은 한글 서체를 오랜만에 다시 봤습니다. 위령탑 안 전시관 액자에 있는 설명 "고 박정희 대통령의 친필 휘호로서 1978년 유엔군위령탑 건립 당시 이 휘호를 유엔군 위령탑 전면에 새겨놓은 것입니다"를 읽지 않아도 한눈에 알아볼 수 있었습니다.

위령탑 주위에는 이곳을 방문한 역대 대통령의 이름과 방문경과를 새긴 검은 돌 다섯개가 둘려 있었습니다. 1958년 이승만 대통령이 방문하여 회양목을 식수했습니다. 1961년에 윤보선 대통령이 방문하여 그리스의 한국전참전기념비 제막식에 참석했습니다. 박정희 대통령은 1961년에는 국가재건최고회의 의장으로, 1965년과 1966년에는 대통령으로 방문했습니다. 2010년에는 이명박 대통령이 한국전쟁 발발 60주년을 기념하여, 2013년에는 박근혜 대통령이 정전 60주년을 기념하여 방문했습니다. 그렇게 다섯명의 대통령이 다녀갔습니다. 지난해에 문재인 대통령이 방문하려 했는데 당일 취소되었다고 합니다. 기상악화로 헬기가 뜰 수 없었다죠. 불가피한 상황이었겠지만, 사실 저는 좀 아쉬웠습니다. 정말 가려고 마음먹었으면 KTX라도 탔어야 하지 않을까요, 서울에서 부산까지 두세시간이면 갈 수 있는데… 진보정권 대통령으로서는 첫 방문이라는 기사를 읽어서, 저는 그룬디씨에게도 해먼드씨에게도 그걸 다 자랑해두었는데 말입니다.

전사자들의 사진을 모아놓은 추모벽은 위령탑 안 전시관 전면에 있었습니다. 그 벽면은 생각보다 작았고, 400장쯤 되는 사진 중에는 빛바랜 것도 많아서 마음이 좀 쓸쓸해졌습니다. 마이클의 사진은 보이지 않았습니다. 나중에 들어보니, 새로 들어온 사진이 있어도 바로 전시하지 않고 모아두었다가 한꺼번에 교체한다고 했습니다. 아직 그 시기가 되지 않았나봅니다.

열평이 안되는 작은 전시관에서 가장 눈길을 끈 것은 한쪽 벽면을 다 채우고 있는 초대형 걸개그림이었습니다. 유리진열장 위로 "한국전쟁 전사자 추모 퀼트 ── 호주"라고 적혀 있습니다. 회색 천에 검은색 실로 한땀 한땀 바느질을 한 것으로, 윗부분에는 지형 같은 것이 그려져 있고 아랫부분에는 사람 이름이 가득 적혀 있었습니다. 이걸 만든 사람들의 이야기는 그 옆에 있었습니다.

올윈 그린Olwyn Green 여사는 2003년 7월 27일 정전협정 50주년을 기념하기 위하여 한국전 전사자 이름이 새겨진 퀼트를 만들기 시작했다. 그린 여사의 남편 찰스 허큘레스 그린 중령은 1950년 한국전에 참전했던 로열호주연대 예하 제3대대장이었다. 그린 중령은 1950년 11월 1일 청주에서 임무수행 중 당한 부상으로 사망하여 유엔기념공원에 안장되었다(묘역번호 2974). 그린 여사는 남편의 참전이야기를 담은 『아직도 그대 이름은 찰리』*The Name's Still Charlie*를 출간했으며 이곳에 함께 전시되어 있다. 이 퀼트를 통해 후손들이 전쟁의 고통과 상실에 대해서 생각해볼 수 있기를 바랐던 그린 여사의 소망이 이번 전시를 통해 이루어졌다. 이 퀼트는 호주의 섬유예술가 메러디스 로우가 디자인하고 한국 불교에서 영감을 받아 수작업으로 염색된 천과 실을 사용하여 제작되었다. 호주 빅토리아주 외곽 콜러레인 지역의 바느질 모임인 '싯앤소우' 중년 여성들이 직접 손으로 꿰매서 퀼트를 완성하였고, 참가자들의 이름은 퀼트 뒷면에 새겨져 있다.

'전쟁의 고통과 상실'을 전하고 싶었던 그린씨는 남편이 죽은 지 53년이 되었을 때 이 바느질을 시작했답니다. 뜻을 함께하는 여성 스물두명이 동참했습니다. 퀼트 상단에는 1951년 4월 호주군이 싸웠던 경기도 가평의 지형을, 중간에는 진혼곡 후렴 부분의 악보를, 그리고 하단에는 호주 전사자 340명의 이름을 알파벳 순서로 한땀 한땀 새겼습니다. 이걸 다 만드는 데에는 수만땀이 필요했을 겁니다. 바느질한 여성들 중에는 전사자가 자신의 자식보다도 나이가 어린, 그래서 더 마음이 아팠을 이도 있었을 겁니다. 회색 천에 검은 실은 경건하면서도 무겁지 않고 따뜻했습니다. 엄마의 바느질같이요.

유리로 된 진열장 안에 올원 그린 여사가 쓴 책이 놓여 있었습니다. 펼쳐진 부분입니다.

나는 찰리의 마지막 순간을 알고 싶었다. 평화롭게, 모든 것을 용서하면서, 그리고 여전히 나를 사랑하면서 죽어갔다는 말을 듣고 싶었다. 그의 죽음을 슬퍼하는 편지와 전보가 맥아더 장군을 포함해서 도처에서 왔다. 그땐 그런 모든 추모의 전갈들이 다 무의미하게 보였다. 나는 그와 같이 있고 싶을 뿐이었다. 그의 목소리를 듣고 싶었다. (…) (찰리의 임종을 지켜본) 랭 신부님에게서 편지가 왔는데 거기에는 그동안 내가 애타게 알고 싶던 것들이 적혀 있었다. (…) "찰리는 매우 용감했고, 당신과 따님에 관한 이야기를 했습니다. (…) 그의 마지막 모습은 평화로웠습니다."

스피크먼씨 말처럼, 사연 없는 무덤이 어디 있겠습니까? 여기 묻힌 2천개가 훨씬 넘는 사연 중에 제가 아는 것은 겨우 한두개밖에 없습니다. 그것도 잘 안다고 할 수 없습니다. 사실 그동안은 아무 관심도 없었습니다. 그들은 어떤 사람이었는지, 왜 이곳에 왔는지, 무엇을 겪었는지, 어떻게 죽었는지, 누가 그들을 그리워하는지도요.

제가 여기까지 온 것은 마이클 덕분입니다. 마이클에 대해 처음 알게 된 날 저녁에 성당에 가서 초를 켜고 기도했다는 말씀은 드린 적이 있지요? 그때 저는 이 청년을 위해 뭐든지 하게 해달라고 바랐는데, 결국은 제가 그에게 뭘 해준 것이 아니라 그가 제게 말을 건 것 같습니다. 그의 이야기를 따라가다가 여러 사연을 만났고, 결국 이런 것들을 배웠습니다. 아니, 지금도 배우는 중입니다. 한 인간의 삶은 여러겹으로 이루어져 있습니다. 누군가를 이

해운대 백사장에서 어마어마한 크기의 달집을 태웠다.
그 엄청난 불길과 회색 연기를 보면서
내가 지금까지 했던, 그리고 하지 않았던
많은 생각과 말과 행위를 반성했다.

해하려면 그가 지나온 시간을 찬찬히 들여다보아야 할 것 같습니다. 또, 누군가 세상을 떠났다고 해도, 남은 사람들이 그를 기억하는 한 그 존재는 사라지지 않는다는 것도 알았습니다. 이런저런 생각 끝에는 아버지가 계셨습니다. 아무것도 가진 게 없었던 피난민 소년은 결국 우리들에게 많은 것을 남겨주었습니다. 그리고 저는 벌써 오래전에 아버지께 감사드려야 했습니다.

그날은 마침 정월대보름이었습니다. 해운대 백사장에서 어마어마한 크기의 달집을 태웠습니다. 그 엄청난 불길과 회색 연기를 보면서 제가 지금까지 했던, 그리고 하지 않았던 많은 생각과 말과 행위를 반성했습니다.

이미 아시겠지만, 남겨두었던 포피 한다발은 아버지 무덤에 꽂아드렸습니다. 압니다, 아버지도 엄마도 그곳에 계시지 않는다는 것을. 두분은 늘 저희 곁에 계시겠지요. 그래도 혹시 자식들 사는 곳에서 돌아와 양평 그 산자락을 두분이 산책하게 되시거든 눈여겨보십시오. 빨간 꽃이 제법 화려합니다. 제가 남겨둔 말도 꺼내보십시오. 2년 전에 런던 공연장에서 들었던 밴드 '혁오'의 노래는 이렇게 끝납니다. "It's your victory." 당신의 승리입니다.

메타노이아

한국으로 떠나기 전 일요일이었습니다. 미사 중에 니컬러스 프레일링이라는 성공회 신부에 대한 이야기를 들었습니다. 그날 래글런 신부님의 강론은 이랬습니다.

"1976년, 성공회 니컬러스 프레일링 신부는 휴가차 아일랜드에 있었습니다. 그때 주아일랜드 영국대사가 더블린에서 아일랜드공화국군에 의해 암살당하는 일이 일어났습니다. 니컬러스 신부가 펍에서 그 뉴스를 접했을 때, 그곳에 영국인은 그 혼자밖에 없었습니다. 아무래도 조용히 자리를 뜨는 게 좋겠다고 생각해서 나오려는데, 한 사람이 다가오더니 괜찮으면 잠깐 앉아서 이야기를 하고 싶다고 했습니다. 역사적으로 왜 이런 일이 일어났는지에 대해 설명하고 싶다고요. 그는 아일랜드사람들과 함께 둘러앉았습니다. 그곳에서 세시간 동안 그들의 입장에서 영국과 아일랜드, 프로테스탄트와 가톨릭 사이의 골 깊은 갈등의 역사를 들었습니다. 니컬러스 신부는 혼자 남게 되었을 때 스스로에게 두가지 질문을 했습니다.

'내가 이런 이야기를 하나라도 알고 있었나?'

'내가 이 일을 중요하게 여기나?'

그후로 니컬러스 신부는 몇년 동안 아일랜드의 역사를 공부하고 용서와 화해를 위한 일에 헌신했습니다. 그 스스로 먼저 변화했고, 다른 사람의 변화를 도왔습니다. 영국과 아일랜드를 넘어서 세상 다른 곳에서 이루어지는 갈등과 분쟁을 화해로 이끄는 데에도 힘썼습니다.

갈등의 해결은 언제나 쉽지 않습니다. 우리가 해결할 수 없는 일도 있습니다. 다만 화해의 가능성을 열어두고, 나로부터 시작해보는 것 말고는 다른 도리가 없습니다. 서로 반목하는 두 사람은 결국 같은 이야기의 다른 부분입니다. 그들은 함께 상처 입었기 때문에 결국 치유도 함께 해야만 합니다."

오래전에 제가 기차에서 래글런 신부님에게서 받은 질문, 남북한 통일을 '내가' 바라냐는 질문은 니컬러스 신부가 스스로에게 던진 물음과 비슷했습니다. 결국 나로부터 시작할 수밖에 없습니다. 저는 강론의 마지막 부분도 와닿았습니다. 갈등은 같은 이야기의 다른 부분이라는 것, 양편은 상처를 공유하기에 치유도 같이 해야 한다는 것 말입니다.

미사가 끝나고 나오면서 문 앞에 서 있는 신부님에게 인사를 했습니다. 곧 한국에 간다고, 이제 책도 거의 다 썼다고, 어려울 때마다 들어주셔서 감사하다고요. 작년에 남북정상회담이 끝났을 때 "치유에는 시간이 걸리니 천천히 가는 게 좋겠다"라고 말해준 것도 고맙다고, 어쨌든 갈 길은 먼 것 같으니 이제 그냥 내 자리에서 할 수 있는 일을 하려 한다고, 책을 쓰면서 전쟁과 분단으로 고통받았던 사람들의 삶을 '기억'하는 일이 중요하다는 것을 새삼 알았다고도 했습니다.

그는 이렇게 말했습니다.

"화해와 평화로 가는 길은 잘못을 '용서받고 잊어버리는'(forgiven and forget) 것이 아니라 '기억하고 참회하는'(remembering and repenting) 긴 과정입니다. 기억하는 일은 정말 중요합니다. 그게 시작입니다. 어쩌면 그게 가장 중요한 일일지도 모르겠습니다. 잘 다녀오세요. 은총을 빕니다."

용서와 망각, 기억과 참회. 알파벳 f와 r로 운율을 맞춘 것 같은 이 네단어가 머릿속에 훅 들어왔습니다. (신에게서) "용서받았다"라고 말하고 잊어버리는 것이 얼마나 잘못된 일인지는 영화

「밀양」을 보고 알 수 있었습니다. 가해자의 그 뻔뻔한 말에 용서하려고 마음먹었던 주인공이 절규하는 모습은 영화를 본 대부분의 사람들이 기억하는 명장면입니다.

화해는 '기억과 참회'를 통해 이루어진다는 말을 생각해보았습니다. 그런데 솔직히 '기억한다'는 말에는 공감했으나 '참회'라는 말에는 마음이 조금 불편해졌습니다. 초심자 신자로서 저는 아직 교회에서 자주 쓰는 말 중에서 편히 받아들이기 어려운 것들이 있습니다. 특히 죄, 회개, 참회 같은 말들이 그렇습니다. 저는 여전히 고해소에 들어가는 게 두렵고, 미사 중에 가슴을 치는 '고백기도'가 부담스럽습니다. 심판받는 느낌이 들어서 그런 것 같습니다. 아직은 그렇습니다. 어쨌든 그날 신부님이 '기억하고 참회한다'는 말을 할 때 '기억'에 방점을 둬서 다행이었습니다. '참회'를 강조했더라면 가슴속에 답답함만 남은 채 이 대화는 잊었을지도 모릅니다. 그날 이후 이 말이 계속 머리에 남았습니다. 알고 싶었습니다, 왜 기억과 참회가 화해로 가는 길인지, 무엇을 기억하고 어떻게 참회해야 하는지.

제 친구 수전을 만났습니다. 한국에 가면 한동안 못 만날 테니 그녀에게도 인사를 하고 싶었습니다. 일흔살이 넘은 이 친구는 우리 가족 말고는 저를 가장 아껴주는 영국사람일 겁니다. 그녀는 오랜 시간 수녀님으로 지냈습니다. 제 나이가 되었을 때쯤 공동체를 나온 것 같습니다. 매우 지혜롭고, 늘 제게 영감을 줍니다. 그래서 저는 수전과 이야기하는 것이 즐겁고, 그녀도 그런 것 같습니다. 언젠가 헤어질 때 포옹을 했는데 그녀가 한동안 팔을 풀지 않아서 그걸 알았습니다. 아쉬움은 주름진 얼굴에서도 읽혔습니다. 수전에게 물어보았습니다.

"제가요, 지난 일요일 미사 후에 래글런 신부님과 대화를 나눴거든요. 신부님이 화해와 평화는 '기억하고 참회하는' 과정에서 만들어진다고 했는데, 저는 '참회'라는 말을 들으면 왜 이리 마음이 답답해지는지 모르겠어요. 참회는 막 엎드려서 내 죄를 용서해달라고 울부짖어야 할 것 같아서 그런가봐요. 참회 대신에 그냥 성찰이라고 하면 안될까요?"

"종교에서 자꾸 죄에 대해 이야기하면 마음이 위축되는 것은 당연한 일이야. 그건 나도 그래. 그런데 말이야, '참회'라는 말은 그리스어로 메타노이아(metanoia)란다. 그건 자기 마음을 다른 차원에서 돌아보는 일이지. 성찰이라고 생각하는 게 편안하면 그렇게 해도 괜찮아."

"그리스어로 뭐라고요?"

"메타(meta)-노이아(noia)"

그렇게 나눠보니 뜻을 알겠습니다. '메타'는 '~ 위에서'(beyond),

'~ 다음에'(after)라는 뜻이고, '노이아'는 '마음'(mind, heart)을 뜻하는 말이죠. 내 마음을 다른 차원에서 다시 들여다보는 것, 그래서 원래 가지고 있던 마음이 변화하는 것. 참회라는 말을 그렇게 보니 한결 편해졌습니다.

과연 그렇겠습니다. 내가 한 어떤 행위를 조금 위에서 다른 각도에서 다시 보면 후회되는 일, 잘못한 일이 더 잘 보이겠습니다. 그럼 뒤늦게라도 내가 잘못한 사람에게 용서를 빌 수 있겠지요. 반대로, 다른 이가 내게 잘못한 일도 시간이 지난 후에 다시 돌아보면 불쌍한 마음이 들어 관대하게 용서할 수도 있겠습니다. 사회적인 문제도 비슷합니다. 갈등과 반목도 시간이 지나 다시 돌아보면 그 시대에는 미처 생각지 못했던 다른 면을 볼 수도 있겠습니다. 반목하는 두 입장이 같은 이야기의 다른 면을 말하는 것이라면, 그것도 '메타'의 관점에서 보면 맞닿아 있는 면이 새롭게 보일 겁니다. '메타노이아'가 화해로 나아가는 길목에 있다는 뜻을 알 것 같습니다. 그래도 일단 시작은 '기억'하는 일이겠습니다. 잊지 않아야 참회할 기회도 얻겠지요. 기독교에서는 그 과정에서 하느님의 역할을 중요하게 여기겠지만, 지금 제 수준에서는 기억과 참회를 일단 그 정도로 이해한 것만 해도 큰 발견입니다.

"저희 성당이 '참회와속죄의성당'입니다. 파주에 있어요. 시간 되면 한번 들러주세요."

어떤 남자분이 와서 말을 건넸습니다. 신부복의 로만 칼라를 하고 있지 않아서 처음에는 사제인 줄도 몰랐습니다. 한국에 온 후 학술행사에 발표자로 초대된 적이 있습니다. 서울 삼청동에 있는 북한대학원대학교에서 개최한 '마음'에 대한 심포지엄이었습니다. 저는 발표 중에 기억과 참회에 대한 제 생각을 이야기했는데, 그때 청중으로 있던 강주석 신부님이 나중에 인사를 건넸습니다. 참회라는 말이 새 인연의 고리가 되었습니다. 알겠다고, 한번 찾아뵙겠다고 말했는데, 아무래도 그 성당을 찾아가려면 마음의 준비가 많이 필요할 것 같았습니다. 이제 겨우 '참회'라는 말이 편해졌는데, '속죄'라는 말에 다시 가슴이 답답해졌습니다. 아직 저는 기독교의 어휘와 친하지 않습니다.

홈페이지를 확인해보니 범상치 않은 곳이었습니다. 성당 옆에는 민족화해센터도 같이 있었습니다. 그곳에 대한 설명에는 이런 단어들이 있었습니다. 전쟁의 상처와 아픔, 치유, 한반도의 평화, 민족의 화해와 일치, 통일, 기도 그리고 참회.

사진에 보이는 성당 모습이 특이했습니다. 설명에 따르면, 외형은 신의주 진사동성당의 옛 모습을 복원해서 지었습니다. 진사동성당은 메리놀외방전교회가 1920년대에 지었는데 1950년에 폭격으로 전소되었습니다. 건물 복원을 위해 독일과 미국에 보관되어 있던 사진을 찾아서 당시 벽돌 크기를 역으로 계산하여 설계했습니다. 성당 내부는 덕원 성베네딕도수도원 성당 내부를 재현했습니다. 원산에 있었던 이 수도원은 북한정권에 의해 1949년 5월에 폐쇄되었습니다. 성직자들은 수용소와 교화소로 보내졌습니다. 덕원과 함흥 교구의 성직자 서른여덟명이 수용소에서 숨졌습니다. 성베네딕도수도원에 대해서는 저도 조금 알고 있었습니다. 이것도 인연이라면 인연이겠습니다. 저는 이들을 박해한 이를 만난 적이 있습니다.

이십몇년 전 비전향장기수 김석형 선생을 만나 구술기록을 받을 때, 그는 성베네딕도수도원에서 '반맑스주의' 교육을 한 것을 적발한 이야기를 했습니다. 그때 그는 함경남도 정치보위부장이었습니다. 그「반맑스주의 교육제강提綱」이 라틴어로 되어 있었다고 했습니다. 라틴어 문서라면 그건 그냥 가톨릭교회 문서였을 것 같습니다. 그때 제가 좀더 질문했더라면 더 많은 내용을 알 수 있었을 텐데, 당시에는 종교에 크게 관심이 없었습니다. 그리고 그는 이것 말고도 정치보위부장으로서 '반동분자'를 색출했던 여러 이야기를 했기 때문에 그것을 듣는 일만으로도 숨이 찼습니다.

강신부님이 물었습니다, 김석형 선생은 교회를 어떻게 생각했냐고. 모르겠습니다. 그건 그가 자기 삶에 대해 남겨놓은 긴 이야기를 찬찬히 들여다보며 우리가 해석해내야 할 몫인 것 같습니다. 김석형 선생의 구술자료집 한부를 민족화해센터로 보내주었습니다. 박해자의 이야기를 듣는 것이 어떤 의미가 있을지는 잘 모르겠습니다. 그래도 그것이 화해와 평화로 가는 데 혹시라도 도움이 되기를 바랐습니다.

파주에 한번 다녀오는 것도 좋겠습니다. 중국군과 북한군 병사의 무덤인 '적군묘지'도 있고, 설마리전투를 기리는 '영국군전적기념비'도 있다고 들었습니다. 그곳들을 들른 후에 참회와속죄의 성당에 가만히 앉아 있으면, 그 모든 것을 높은 곳에서 다시 바라볼 수 있게 된 마음이 제게 문득 말을 걸지도 모르겠습니다.

굿 모닝

에필로그

오래된 기억입니다. 얼핏 기억나는 것 같기도 하고, 아버지가 나중에 이야기해주셔서 알게 된 것 같기도 한데, 제가 동네 아이들에게 "우리 아버지는 간첩인데 자수해서 우리가 잘사는 거"라고 말하고 다녔다면서요. 1970년대 초, 다섯살 난 아이의 맹랑한 거짓말에 집안이 풍비박산할 수도 있었던 그 어이없는 시대에, 두분의 가슴이 덜컥 내려앉았겠습니다. 그래도 이웃 아주머니가 얼른 와서 엄마에게 알려준 것을 보면 동네 사람들끼리 가까웠던 모양입니다. 그때 제가 왜 그런 생각을 했는지는 잘 모르겠습니다. 북한이 고향인 사람은 다 간첩이라고 믿었을까요? 아니면 그냥 관심을 받고 싶었을까요? 그때 저는 간첩이 무섭다기보다 좀 불쌍했던 것 같습니다. 그건 뒷산에 움막을 짓고 살았던 수염이 덥수룩한 아저씨가 간첩이 아닐까 상상하면서부터 든 생각이었나봅니다.

국민학교 2학년 때 교과서에서 본 그림이 지금도 생생한 걸 보면 그 느낌이 강렬했던 모양입니다. 공산당의 폭정과 그 아래 신음하는 인민의 모습이었습니다. 별이 하나 그려진 모자를 쓰고 화난 눈을 한 공산당이 채찍을 들고 서 있었습니다. 그 사람은 너무 크고 뚱뚱해서 꼭 바람을 가득 채운 풍선 같았습니다. 그 아래에 곡괭이와 삽을 든 작고 마른 사람들이 땅을 파는데, 볼이 푹 꺼지고 남루한 옷을 입고 얼굴에는 근심과 슬픔이 가득했습니다. 나중에 보니, 북한 교과서도 크게 다르지 않았습니다. '미제 괴뢰 도당'의 폭정하에 신음하는 남조선 인민의 비참한 삶도 서글프기 그지없었습니다. 북한의 어린이들도 '미제 괴뢰 도당'에 대한 적개심과 남조선 인민에 대한 연민을 가지고 자라났겠습니다.

어릴 적 일기를 읽어보면 저는 국가의 부름에 충실한 착하고 모범적인 어린이였습니다. 시키는 일은 최선을 다해서 하고 그 의미까지 꼼꼼히 챙기는 게, 북한에서 살았으면 저는 아마 소년단 간부가 되었을 겁니다. 매일 일기검사를 했던 국민학교 시절에 열심히 쓴 일기장이 몇권 남아 있습니다. 1976년, 국민학교 3학년 어린이는 이렇게 자랐습니다.

5월 15일

오늘은 민방위훈련을 하였다. 부모와 선생님 또는 어른들께 가르침을 받아서 공산당이 쳐들어와도 한 사람이라도 부상을 당하지 말아야겠다.

6월 25일

오늘은 6·25전쟁 26주년이다. 학교에서 식을 올렸다. 나는 국군장병 아저씨들 덕택에 이렇게 공부하며 자란다는 것을 깨닫고 조용히 묵념을 하였다. 밤에 산에서 「병사의 죽음」 곡이 나팔을 통해 들려왔다.

12월 15일

오늘은 민방위의 날이다. 경계경보 사이렌이 울렸다. 그러니까 둘째언니가 책상 밑으로 들어갔다. 그럴 수밖에 없다고 생각했다. 만일 이때 공산당이 침범했다고 가정하면 지금이 방학이라고 안하면 안되는 것이다. 나는 공부를 열심히 해서 반공정신을 갖고 평화를 사랑하고 커서 전쟁을 일으키지 않겠다.

12월 17일

우리 엄마네 학교에는 상담실에 착한 일을 한 사람을 적어 내는 게 있다. 이영미라는 언니가 뽑혔다. 누가 이런 글을 썼다.

"제목: 새마을 정신
  백일장을 할 때 일이었다. 나는 시를 쓰고 그림을 그린 다음 창
경원에 갔다. 구경을 하면서 돌아다니다가 영미의 행동에 감동
을 느꼈다. 영미는 도로를 쳐다보면서 종이를 줍는 것이었다. 그
때 영미가 말했다. 도로에 붙어 있는 껌을 모두 뜯어내면 좋겠다
고… 하지만 그날은 날씨가 매우 더웠다. 그후 영미는 수돗가에
서 흘러나오는 물도 잠그고 착한 일을 많이 했다."

  이 글을 읽고 생각했다. 우리나라에 이 언니 같은 사람만 있다
면 이 나라는 곧 부강한 나라가 될 것이며 우리 국민은 어떠한
어려움이 닥쳐와도 떳떳이 살 수 있을 것이다.

  민방위훈련을 하면서 '빨갱이'를 무찌를 생각이 아니라 '공산
당이 쳐들어와도 부상당하지 말자'고 생각한 건 성품이 온유한
엄마 아버지를 닮은 덕분입니다. '공부를 열심히 해서 반공정신
을 갖고 평화를 사랑하고 커서 전쟁을 일으키지 않겠다'는 다짐
은 다 이루어진 듯합니다. 일기장에는 민방위의 날, 새마을의 날,
국군의 날, 6·25기념식, 광복절, 경필쓰기대회, 혼식장려, 위생조
심 같은 단어가 자꾸 나와서, 어린이의 일상이 구호로 가득 차 있

는 느낌입니다. 도로에 붙어 있는 껌을 다 떼어내고 싶어하는 영미언니 같은 사람만 있으면 우리나라가 부강해질 것이라는 말에서는 결기가 느껴집니다.

그런데 이 일기는 꼭 북한 어린이가 쓴 것 같지 않나요? 제 모습과 당의 부름에 충실한 북한 어린이의 모습이 겹칩니다. 남이나 북이나 국가는 어릴 적부터 이렇게 충직한 국민을 만들고, 우리같이 성실하고 착한 사람들은 그걸 옳다고 믿고 따랐던 것 같습니다. 지금 북에 사는 사람들의 마음이 어릴 적 제 마음 같다면, 그 사회가 '어떠한 어려움이 닥쳐와도 떳떳이' 살아남는 이유를 충분히 알겠습니다.

중·고등학교를 다니면서도 국가와 민족을 걱정하는 마음은 한결같았습니다. 고등학교 1학년 때 아웅산묘소폭파사건을 규탄하는 전교생 집회가 있었습니다. 저는 흰색 머리띠가 풀어질까봐 단단히 묶었습니다. 정부 인사들의 갑작스런 죽음이 애통했습니다. 세상에 이런 일이 벌어지다니. 그래도 대통령이 무사해서 다행이라는 생각도 했습니다. 졸업앨범에 있는 그때 사진을 보면, 맨 앞에 있는 학생들은 피켓을 들고 있습니다. 거기에는 "박살내자 공산만행" "타도하자 공산도배" "북한괴뢰 도발 사죄하라" "공산당을 처단하자" "살인마 김일성을 삶아먹자" 같은 글이 쓰여 있습니다. 제게 피켓을 주지 않아서 정말 다행이었습니다. 졌으면 또 반듯하게 들었겠지만, 그때도 그 말들은 싫었습니다. 어차피 '북한공산도배'가 그 피켓을 볼 것 같지도 않은데 그 말들은 누구를 향하고 있었을까요? 삶아먹자니… 사람을 삶기도, 먹기도 싫은데 말입니다.

제가 다닌 고등학교는 그때 미8군부대와 자매결연을 맺었습니다. 기억나시죠? 우리 집에도 어느날 미군 두명이 와서 저녁을 먹었잖아요. 엄마는 불고기를 굽고, 아버지는 양주를 꺼냈고, 저는 한복도 꺼내 입었는데, 미군 한명이 거실에 드러누워서 이야기하는 바람에 엄청 당황했었잖아요. 우리는 가사 수업시간에 미군 장병에게 드리는 손수건에 자수도 놓았어요. 남색 치마와 분홍 저고리를 입은 단아한 아가씨를 새틴스티치로 정성껏 한땀 한땀 놓았습니다. 이 손수건을 누가 쓰게 될지 궁금해하면서요. 뭘 만들 때, 그걸 쓸 사람을 생각하는 것은 저의 버릇입니다. 교련시간에도 삼각붕대나 압박붕대 매는 법을 배울 때, 붕대 매듭이 부상당한 군인의 상처를 건드리지 않을까 걱정했다니까요. 전쟁터라고 상상하고 비장한 마음으로 말이지요.

대학에 간 후에 이런 제가 좀 부끄러워졌습니다. 착하고 성실한 것은 칭찬받을 일이 아니라 어리석은 일이었습니다. 선배들은 저보다 한두살밖에 많지 않았는데도 이 사회를 움직이는 감춰진 권력을 다 꿰뚫고 있는 것 같았습니다. 그들은 의식이 없는 우리를 '의식화'하려고 노력했습니다. 그러나 그때까지 평생 믿고 따랐던 생각과 믿음을 하루아침에 바꿀 수는 없는 노릇이었습니다. 좀더 천천히 배웠더라면, 국가의 폭력에 대해 더 잘 이해하고, 민주주의와 공동체에 대해 마음을 다해 공부했을지도 모르겠습니다. 그러나 그때는 그럴 시간도 여유도 없었습니다. 1987년, 저는 대학교 2학년이었습니다.

그때 제가 민주혁명에 기여한 바는 거의 없습니다. 시위대에서 '호헌철폐 독재타도' 구호를 외친 게 다인데, 그나마 소심한 목소리는 보탬도 안되었습니다. 최루탄이 날아오면 혼비백산, 도망치기 바빴습니다. 교내 시위에서 여학생들은 돌을 깨서 투석전을 하는 남학생들에게 나르는 일을 했습니다. 돌을 깨는 곳은 최루탄·백골단·곤봉·전경·방패·화염병·짱돌이 난무하는 교문에서 꽤 떨어져 있었는데도 손이 덜덜 떨렸습니다. 무서워서 혼이 나갔는데도 돌 끝이 날카로운 게 서늘해서, 깨놓은 돌멩이를 바닥에 갈았습니다.

그 시절, 목숨을 건 사람이 수두룩한데 어설프게 돌 깬 이야기라도 하면서 민주화운동 언저리에 끼고 싶은 것은, 그때 우리가 이룬 것이 자랑스럽기 때문입니다. 대통령을 국민이 직접 뽑을 수 있게 된 것 말입니다. 아버지도 엄마도 나중에 이모들에게 그러셨잖아요, "우리 애도 그때 데모에 나갔다"라고. 핀잔처럼 말씀하셨지만 얼핏 자랑처럼 들려서 깜짝 놀랐다니까요. 그땐 그렇게 반대를 하셨으면서 말이에요. 세월이 지나니 민주화는 경제성장처럼 한국의 자랑이 되었습니다.

그래도 그 민주혁명의 시대가 그리 길지 않아서 참 다행입니다. 길어졌다면 저는 몹시 방황했거나 비겁해졌을 겁니다. 생각의 선이 가늘어서 매사에 회의하고, 배포가 작아 늘 두려웠습니다. 저는 난세에 적합한 인물이 절대로 아니라는 것을 일찍이 알았습니다. 시위현장에서 잡혀갔다면 경찰이 욕하고 때리는 것을 한시간도 견디지 못하고 반성문을 썼을 겁니다. 일제시대에 태어나지 않은 것이 천만다행이라는 생각을 한 적도 많습니다. 항일투쟁은 고사하고 친일파가 되지 않았으리라고 장담하기 어렵습니다. 그런 시험에 들지 않았으니 복 받은 인생이라고 할까요.

어쨌든 대학원에 들어갈 때쯤 세상은 전보다 좀 평온해졌고 눈치 보던 제 마음도 좀 당당해졌습니다. 그러자 그때까지 대강 봉합해두었던 마음이 양 갈래로 갈라졌습니다. 한편에서는 우리가 이룬 민주화가 자랑스럽고 당시 운동의 최전선에 있던 용감한 이들에게 빚진 마음이 있는데, 다른 한편에서는 그때까지 참았던 억울함 같은 것이 솟아났습니다.

제가 경험했던 대학문화는 억압적이었습니다. 세상은 옳고 그름으로 선명하게 나뉘었고 마땅히 해야 할 일과 비겁한 일도 분명했습니다. 적과는 '비타협적 투쟁'과 결사항전을 해야 마땅했습니다. 회색은 다 비겁한 것이었습니다. 수십가지 다른 느낌을 가진 회색분자들이 눈치 보며 서성댔습니다. 저도 그중 하나였는데, 그래도 어리석고 비겁한 사람으로 보이기는 싫어서 적당히 선배들 주변을 어른거렸습니다. 그러면서 배운 것도 있고, 배우고 싶었으나 못한 것도 있고, 배우고 싶지 않았던 것도 있습니다.

그때 남자 선배들은 여학생들의 외모를 검열했습니다. 화장을 하거나 굽 있는 신발을 신거나 액세서리를 하면 비판했습니다. 대학교 1학년 때 마음먹고 처음 발라본 립스틱을 선배의 말 한마디에 박박 지우면서 마음이 상했습니다. 동시에 대의를 위해 희생하는 청년이 부지기수인데 겨우 이따위 일로 마음 상하는 제가 부끄럽기도 했습니다. 대학에서는 술을 강권했고 술자리에서 남자 선배들은 음담패설을 주고받았습니다. 저는 그런 농담에 불편해하면서도 맞장구를 쳤습니다. 그게 호탕한 일이라고 여겼습니다. 양쪽 주장의 잘못을 따져보려 하면 '양비론'에 빠지지 말라고 했습니다. 둘 다 그를 수는 없었습니다. 우리 편은 옳아야 했습니다. 혹시 우리 편의 잘못이 있더라도 그건 모두 '사소한 오류'였습니다. 적에게 공격의 빌미를 제공하지 않는 것이 중요했고, 민주혁명의 대의를 해치치 않게 덮어두는 것이 미덕이었습니다. 타협은 비겁한 일이었습니다. 여러결의 감정은 걸리적거리기만 할 뿐이었습니다. 그게 싫었지만, 돌아보니 저도 그렇게 행동했습니다. 오랫동안, 어쩌면 지금까지도요.

얼마 전에 토니와 애린이, 린아와 같이 영화 「1987」을 봤습니다. 영어로는 '그날이 오면' When the Day Comes 이라는 부제가 붙어 있었습니다. 그 시대를 살았지만 그 역사의 순간에 어떤 이들이 무슨 일을 했는지 잘 몰랐습니다. 6·10민주항쟁이 학생운동으로 만들어낸 민주혁명이라고 생각했는데, 거기에는 자기 자리에서 해야 할 일을 타협하지 않고 했던 평범한 사람들이 있었습니다. 검사·부검의·기자·교도관·교도소장·신부. 저는 그때 세상의 짐을 다 진 것처럼 굴었지만, 100만명 시위인파 중의 한명 몫만 했습니다.

영화 속에 명동과 시청 앞에 모인 시민과 학생 들 모습이 나왔습니다. 엄마도 저기 있었다고 하니까, 린아가 눈물을 훔치고 손을 잡아주었습니다. 그러자 그 시절 용감했던 청년들에게 미안한 마음이 들었습니다.

"근데 엄마는 도망만 다녔어. 엄청 무서웠거든."

린아가 "괜찮아"라고 말하며 팔을 툭툭 도닥여주었습니다. 배꼽부터 목까지 무겁고 뜨거운 것이 꽉 차올라서 가슴께가 터질 것 같았습니다. 자식이 주는 위로는 이렇게 벅찬 것인데… 저는 아버지께 이걸 말로 설명하고 있습니다.

영화가 끝날 때쯤 우린 다 눈물범벅이 되었습니다. 애린이와 린아는 제게 고맙다고 했고, 토니는 아이들에게 "엄마가 왜 그렇게 의무감에 사는지 알 것 같다"라고 했습니다. 「그날이 오면」은 1987년에 우리가 불렀던 노래입니다. 영화 마지막에 나오는데 목이 메었습니다. 가사가 이렇습니다.

> 한밤의 꿈은 아니리 오랜 고통 다한 후에
> 내 형제 빛나는 두눈에 뜨거운 눈물들
> 한줄기 강물로 흘러 고된 땀방울 함께 흘러
> 드넓은 평화의 바다에 정의의 물결 넘치는 꿈
> 그날이 오면 그날이 오면
> 내 형제 그리운 얼굴들 그 아픈 추억도
> 아 짧았던 내 젊음도 헛된 꿈이 아니었으리
> 그날이 오면 그날이 오면

젊은 날 불렀던 이 노래가 오랜만에 다시 떠올랐던 것은 2017년 2월 어느날이었습니다. 그날 저는 안산의 마을 까페에서 진행된 '당신의 촛불을 들려주세요'라는 이야기모임에 있었습니다. 스무명 남짓한 사람들이 모여 차와 맥주를 앞에 놓고 각자 자신이 경험한 광화문 촛불집회에 대해 이야기했습니다. 거길 왜 갔는지, 누구와 함께 있었고 무엇을 했는지, 어떤 기분이 들었는지 저마다 자기 경험을 나누었습니다. 젊은 시절부터 민주화운동을 했고 그 때문에 오랫동안 감옥에 갇혔던 이선생이 이렇게 말했습니다.

눈이 착하고 말씨가 느릿한 50대 중반 남자입니다.

"촛불집회를 하는 광화문은 꼭 해방구 같았습니다. 이렇게 많은 사람이 모여 정권타도를 외치는데 경찰은 우리를 해산하지도, 잡아가지도 않았습니다. 광장은 평화로웠고 즐거웠어요. 어린아이의 손을 잡고 온 가족도 많았습니다. 정말 '그날'이 온 것 같았습니다. 그런데 그렇게 꿈꿨던 '그날'이 왔는데, 정작 나는 잘 살고 있는 건지, 어떻게 살아야 할지 잘 모르겠네요."

우리 모두 허탈하게 웃었습니다. "맞아요, 그날은 왔는데…" 이제 중년이 된 우리는 그가 느낀 공허함이 무엇인지 알 수 있었습니다.

그해에 촛불집회가 한창일 때 한국에 다녀온 것은 정말 잘한 일이었습니다. 그러지 않았으면 아버지께 보내는 그 간단한 아침 문안도 영영 시작하지 않았을지도 모릅니다.

2016년 겨울, 영국에서 인터넷 뉴스로 촛불집회 소식을 듣는데, 기사를 읽고 나면 자꾸 가슴이 뛰고 생각이 허둥댔습니다. 집회 참가자 수는 매주 토요일마다 기록을 경신하듯이 늘어났습니다. 제가 좋아하는 가수들이 광장에서 노래를 불렀고, 촛불을 든 사람들의 얼굴은 하나같이 다 예뻤습니다. 저는 그때 하나로 특정하기 어려운 여러 감정의 소용돌이 속에 있었는데, 그중 하나는 우울감이었던 것 같습니다. 군집생활을 하는 동물이 무리에서 떨어져 혼자 남게 되면 이런 상태가 될지도 모르겠다는 생각도 했습니다. 혼자 있다는 게 속상해서 어느날은 하루 종일 잠만 잤습니다. 무리에 끼고 싶은 열망이 매일 자라났습니다. 저도 그 반짝이는 물결에 불빛 하나 들고 서 있고 싶었습니다. 그건 정권에 대한 분노 때문이라기보다는, 즐거운 축제에 끼고 싶은 선망 같은 것이었습니다. 그래서 그 겨울에 혼자 한국에 왔습니다.

촛불집회에 처음 가게 된 날, 그렇게 오고 싶었던 곳에 왔는데, 친구들 무리에 속하면 가슴이 벅차오를 줄 알았는데, 사실 그렇지 못했습니다. 그날 광화문역이 너무 붐빌 것 같으니 시청역에서 내려 걸어가야겠다고 마음먹지만 않았어도, 어쩌면 축제의 즐거움만 남았을지도 모르겠습니다.

그날 하루를 떠올리면 몇몇 장면이 정지사진처럼 선명히 보입니다. 시청역에 내려 산뜻하게 타박타박 계단을 뛰어 올라섰는데, 개찰구 앞에서 멈칫했습니다. 그 지하 통로에 태극기를 든 노인들이 가득했습니다. 눈이 먼저 놀랐기 때문인지, 그 장면에서 소리는 사라졌습니다. 아니, 지하 통로의 노인들은 정말 조용했던 것 같기도 합니다. 바닥에 앉아 있는 이들이나 서 있는 이들이나 다 고단해 보였습니다. 화장실을 안내하는 종이가 여기저기 큼지막하게 붙어 있었습니다.

소리가 들리기 시작한 것은 지하철역 입구로 나가는 계단에서 부터였습니다. 땅 위로 나가자 이번에는 소리가 눈을 압도했습니다. 덕수궁 앞에 놓인 무대에는 연사 여럿이 서서 소리치고 있었고 대형 전광판과 스피커는 그들의 얼굴과 목소리를 50배쯤 확대해서 전달했습니다. 시청 앞 광장에는 수많은 사람들이 태극기와 성조기를 들고 무대를 바라보고 있었습니다. 아무도 제게 말 걸지 않았는데도 괜히 겁이 났습니다. "너는 어느 편이냐" 하고 물을 것 같아서요. 시청역 출구에 꼭 붙어서 태극기 물결을 한참 바라보다가 광화문 쪽으로 걸어갔습니다.

곧 차도에 길게 세워놓은 경찰버스와 그 앞을 지키는 경찰을 만났습니다. 경찰은 두 광장에 모인 사람들 사이의 충돌을 막기 위해서 시청과 광화문 사이에 경찰버스로 차벽을 세워 아무도 들어갈 수 없는 중립지대를 만들어놓았습니다. 역설적이라는 생각을 했습니다. 1987년 광장에는 시위대 앞에 전투경찰이 있었고 그들은 우리를 폭력적으로 '진압'했는데, 꼭 30년이 지난 2017년 광장에서 경찰은 시민들끼리 충돌하지 않도록 우리를 뒤에서 '보호'해주고 있었습니다. 그 변화만큼 우리 사회의 민주주의도 발전한 것이라고 봐야겠지요? 정말 '그날'이 온 것일까요? '그날'은 이런 모습일까요?

경찰이 만들어놓은 이 두 광장 사이의 비무장지대는 너무 아득했습니다. 세종로 왕복 10차선이 그렇게 텅 비어 있는 것은 처음 봤습니다. 비현실적으로 적막했습니다. 그곳에는 정말 아무도 들어가지 못했습니다. 젊은 엄마가 유모차를 밀고 길을 건너려고 하자 젊은 경찰관이 막아섰습니다. "들어가시면 안됩니다!" 그 말에 멈춰 서서 좌우를 돌아보는 그녀의 얼굴에 난감함이 비쳤습니다. 유모차를 밀면서 돌아가야 할 길이 제법 멀었습니다. 그 텅 빈 차도의 길이는 500미터쯤 되는 것 같았습니다. 저는 걸음을 세어가면서 보행로를 걸었는데 500보쯤 되었을 때 광화문광장의 시작을 알리는 반대편 차벽에 도착했습니다. 그 벽 너머에 친구들이 있었습니다.

세종문화회관 계단에 촛불을 들고 앉아 있었던 그다음 기억은 가물가물합니다. 추웠다는 것과 집회가 끝나고 근처 빈대떡집에서 오랜만에 만난 대학 친구들과 소주를 마셨던 기억이 희미하게 남아 있습니다. 그 대신 이런 장면은 지금까지 선명하게 기억할 수 있습니다. 두 광장 사이의 텅 빈 공간과 유모차를 밀던 젊은 엄마의 얼굴 그리고 그 빈 공간에 서 있던 통신3사의 이동기지국과 그 앞에 붙은 현수막. 현수막에는 이렇게 적혀 있습니다. "통화품질을 위해 설치된 긴급 서비스 장비입니다."

통신사의 이동기지국은 1, 2차 촛불집회 때 광장에 모인 사람들 사이에 통화가 폭증하여 3차 집회 때부터 설치되었다고 들었습니다. 더 빠르게, 더 많이, 끊기지 않게 보낼 수 있는 문자와 목

경찰이 만들어놓은 두 광장 사이의 비무장지대는
너무 아득했다. 세종로 왕복 10차선이
그렇게 텅 비어 있는 것은 처음 봤다.
비현실적으로 적막했다.

소리. 광장에 모인 사람들을 연결해준 그 첨단 통신기술. 그런데 그 통신 가운데 두 광장 '사이'에서 이루어지는 것은 얼마나 될까요?

그즈음에 이런 글을 썼습니다. 촛불집회가 제게 가르쳐준 것이자 아버지에 대한 이야기인데, 정작 당신께는 보여드리지 못했습니다.

아버지와 며칠을 지내는데, 그분 전화로 끊임없이 카톡 알림음이 울렸다. 그러곤 대통령님을 구하자는 구국의 목사님과 집사님의 동영상 연설이 들렸다. 그 소리가 들리는데 마음속에서 짜증이 올라왔다. 그러다 문득 '아버지에게 하루 종일 온 카톡 중 내가 보낸 것은 몇개인가?'라는 질문을 하게 되었다. 별로 없다. 사람들과 관계 맺고 소통하고 싶어하는 욕구는 누구에게나 있을 텐데, 혼자 계신 아버지에게는 끊임없이 울리는 이 카톡이 그분을 세상과 연결해주는 문 같은 건 아닐까. 그 문은 내 것이 닫힌 만큼 더 크게 열리는 건 아닐까.

그날 이후 나는 아침마다 아버지께 문안 카톡을 보낸다. "굿모닝"으로 시작해서 "좋은 하루 보내세요"로 끝내는 두세마디. 아버지가 보내는 짧은 대답은 여든 넘은 노인이 어젯밤 무탈하게 주무셨다는 신호이고, 나는 그분이 그 대답을 보내고 안심한다는 것을 안다. 나는 지금 이만큼만 한다. 지금은 그저 이런 방식으로 정치가 오랜 시간 어이없게 갈라놓은 가족을 일상의 관계에서 조금씩 봉합하는 거라고 위안하며.

하늘에서 보면 두개의 광장에 모여 있는 두 무리의 사람들은 서로를 향해 대치하고 있지 않다. 오히려 등을 대고 정반대 방향을 바라보고 있다. 무대가 그렇게 설치되어 있는 것은 차라리 다행이다. 우린 서로 싸우는 것이 아니라 다른 방향에 대고 소리치는 것이다. (「두 광장 사이 비무장지대를 걸으며」, 창비주간논평 2017년 3월 8일자)

그렇게 된 일입니다, 제가 뜬금없이 '굿 모닝' 문자를 보내기 시작한 것이. 아버지가 독거노인 응급안전알림서비스를 구청 사회복지과에 신청해야겠다고 말씀하셨을 때만 해도 건성으로 들었습니다. 제가 할 수 있는 일, 아니 마땅히 해야 하는 일조차 국가의 일로 떠넘겼다는 것을 뒤늦게 반성했습니다. 처음에는 저만 문자를 보내다가 나중에는 언니와 재호까지 묶어서 단체채팅방을 만들었지요. 그리고 누구든 먼저 일어난 사람이 먼저 인사하자고 했습니다.

아버지가 첫인사를 하신 날이 제일 많습니다. 저는 자주 소홀했습니다. 그걸 한국보다 여덟시간 늦게 아침이 오는 영국의 시차 때문이라고 말하는 건 구차한 변명이라는 것을 압니다. 어떤 날은 영국도 이미 오후가 될 때까지 인사드리는 것을 잊기도 했습니다. 아침점호 시간을 기다린 것은 언제나 아버지였습니다. 이 말씀을 남기시려고요. "나는 어젯밤을 무사하게 보냈으니 너희들은 걱정하지 말거라."

　이 일은 겨우 일년밖에 가지 못했습니다. 아버지는 응급실에 가신 그날도 인공호흡기를 꽂기 전에 문자를 보내셨죠. 딱 세글자. 그게 제게 남긴 마지막 말씀입니다.

　굿 모닝.

영국 청년 마이클의 한국전쟁

초판 1쇄 발행 / 2019년 10월 5일
초판 3쇄 발행 / 2021년 12월 13일

지은이 / 이향규
펴낸이 / 강일우
책임편집 / 곽주현
조판 / 박아경
펴낸곳 / (주)창비
등록 / 1986년 8월 5일 제85호
주소 / 10881 경기도 파주시 회동길 184
전화 / 031-955-3333
팩시밀리 / 영업 031-955-3399 편집 031-955-3400
홈페이지 / www.changbi.com
전자우편 / nonfic@changbi.com

ⓒ 이향규 2019
ISBN 978-89-364-8644-0 03300